문제아 공고생이 10년간 책과 싸우며
언론사 대표가 됐다

독서와의 전쟁

최재혁 지음

도서
출판 행복에너지

독서와의 전쟁

초판 1쇄 발행 2025년 9월 19일

지은이	최재혁
발행인	권선복
편 집	권보송
디자인	서보미
마케팅	권보송
전자책	서보미
발행처	도서출판 행복에너지
출판등록	제315-2011-000035호
주 소	(157-010) 서울특별시 강서구 화곡로 232
전 화	0505-613-6133, 010-3267-6277
팩 스	0303-0799-1560
홈페이지	www.happybook.or.kr
이메일	ksbdata@daum.net

값 22,000원
ISBN 979-11-994420-1-6 (13190)
Copyright ⓒ 최재혁, 2025

* 이 책은 저작권법에 따라 보호받는 저작물이므로 무단전재와 무단복제를 금지하며, 이 책의 내용을 전부 또는 일부를 이용하시려면 반드시 저작권자와 〈도서출판 행복에너지〉의 서면 동의를 받아야 합니다.

도서출판 행복에너지는 독자 여러분의 아이디어와 원고 투고를 기다립니다. 책으로 만들기를 원하는 콘텐츠가 있으신 분은 이메일이나 홈페이지를 통해 간단한 기획서와 기획의도, 연락처 등을 보내주십시오. 행복에너지의 문은 언제나 활짝 열려 있습니다.

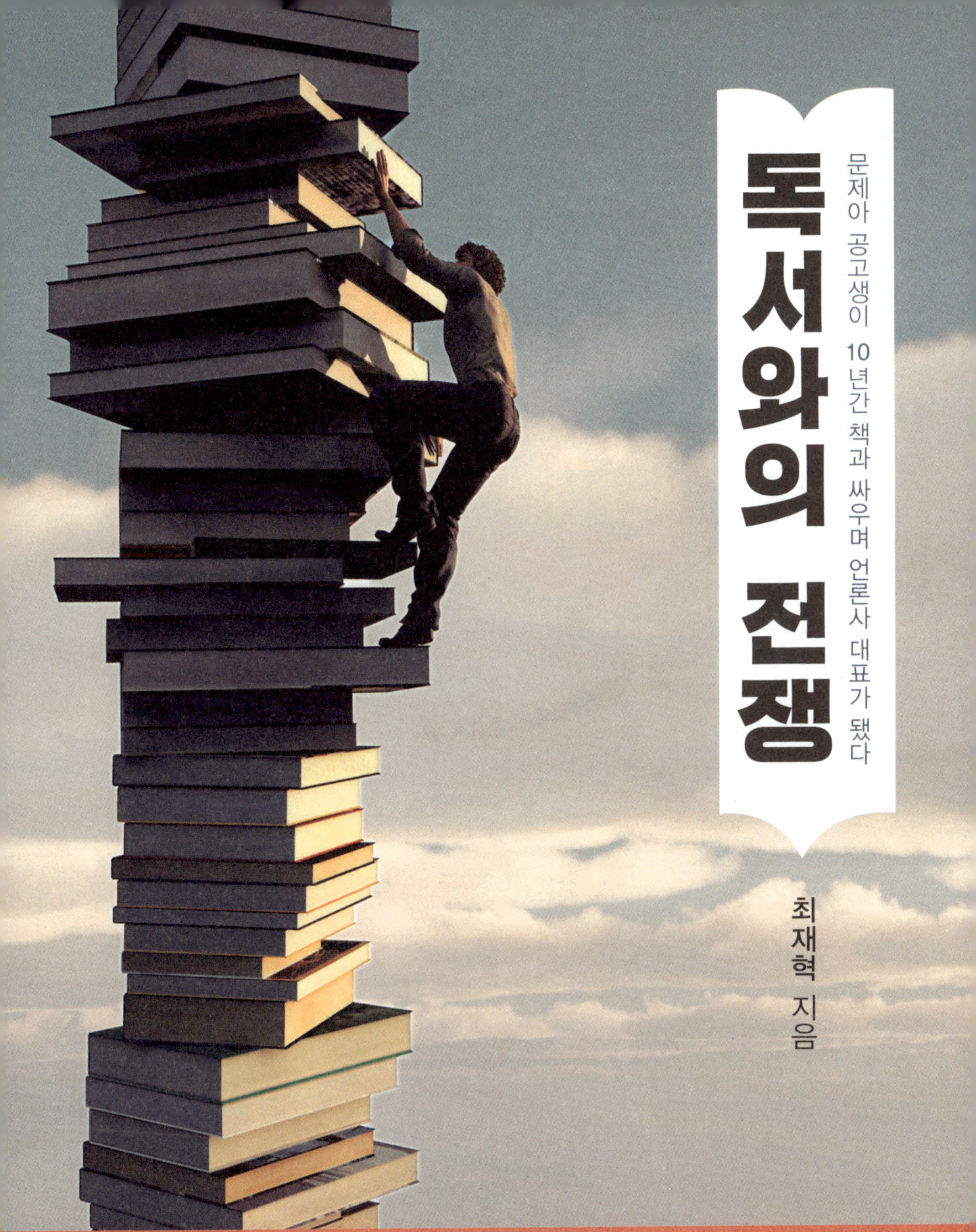

독서와의 전쟁

문제아 공고생이 10년간 책과 싸우며 언론사 대표가 됐다

최재혁 지음

어떤 인생이든 기회는 찾아옵니다

하지만 기회는 준비된 자에게 과실을 안겨줍니다.

독서와 글쓰기는 당신에게 기회를 맞이하도록 도울 것입니다.

도서출판 행복에너지

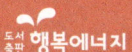

추천사

최종원 | 前 프랜차이즈 대표이사

내가 처음 맞이한 최재혁 기자는 책을 읽고 있었다. 기자 중 책을 즐겨 읽는 경우가 많으니, 그다지 특별하진 않았다. 그가 읽고 있는 책이 무엇일지 궁금할 뿐이었다. 그렇게 그가 들고 있는 책을 확인했다. 그 책에는 '티벳 死者의 書(티벳 사자의 서)'라고 적혀있었다.

무슨 책인지 궁금해 물었다. "최 기자는 지금 무슨 책을 읽고 있는 거야?"라고 말이다. 슬며시 웃음을 보인 최 기자는 책을 덮어 내려놓으며 답했다. "현생이 어려워 죽음에 대한 공포를 잊기 위해 읽는 책입니다."

당최 무슨 말인가 싶었다. 이상한 사람이 아닌가 싶어 멀리할까도 싶었다. 다행히 그날 점심을 함께 했고, 최 기자가 지닌 생각과 고민을 2시간가량 대화하며 약간이나마 이해하게 됐다. 생각과 고민이 많고, 세상에 알고 싶은 게 무궁무진한 청년이라는 것을 말이다.

최 기자는 내게 종종 책을 선물하기도 했다. 평소 "어떤 분야에 관심 있으세요?"라고 물어왔는데, 그때마다 얼버무리거나 진짜 관심 있는 분야를 말해줬다. 신기하게 일주일 정도 지나면 관련 분야의 책을 선물했다. 그와 동시에 "꼭 다 읽지 않으셔도 돼요. 돌려주지 않으셔도 됩니다. 편히 읽으세요"라는 말을 덧붙였다. 나와 20살 가까이 차이 나는 청년이 내게 당부하듯 말이다.

그는 아는 게 많았다. 책을 많이 읽어서 그럴까? 다양한 분야에 대해서도 잘 알았다. 책을 많이 읽어서 그런가 보다. 하지만 책을 많이 읽어서 가끔 버릇이 없다. 본인이 아는 정보와 다르면 끝까지 확인하고 바로잡았다. 어른 입장에서는 잘못된 정보를 말하더라도 가끔은 그냥 넘어갔으면 하는 마음도 있다.

그렇게 최 기자와 알고 지낸 지 2년 정도 지난 후, 그와 독서에 대해 이야기한 적이 있다. 그는 독서 신념에 대해 "내가 잘 아는 분야는 최대한 피합니다. 아는 걸 다시 읽는 것만큼 바보 같은 짓이 없으니까요. 독서는 결국 내가 배우고 성장하기 위함인데, 왜 제자리에 멈춰 있나요? 그래서 전 잘 모르는 분야를 도전하기 위해 책을 읽습니다"라고 설명했다.

많은 사람이 책을 읽을 때 자신이 잘 아는 분야를 읽거나, 개론서만 주구장창 읽는다. 최 기자가 『독서와의 전쟁』의 추천사를 써달라고 원고를 보내왔을 때, 그가 주장하던 독서 신념이 가득 담겨 있어서 무척 반가웠다. 그중 개론서만 읽는 사람을 지적한 부분에서 무릎을 탁 치며, 스스로 돌아봤다. 나 또한 쉬운 책만 찾지는 않는가?

워낙 할 게 많은 세상이기에 책 읽을 시간이 없다. 책을 읽더라도 편하고 가볍게 읽고 싶다. 그래서 자연히 쉬운 책을 찾게 된다. 나뿐만이 아닌, 내 주변을 포함한 많은 사람이 쉬운 책을 읽고 있다. 그동안 참 바보 같은 짓을 해왔다.

최 기자는 책만 많이 읽는 게 아니라 글도 참 잘 썼다. 회사 사람들은 항상 그에게 "자료를 빠르게 찾아, 글을 빠르게 쓴다"라고 칭찬했다. '빠르게'가 핵심인데, 작은 언론사는 빠른 일처리가 핵심이다. 그는 적당한 주제를 찾고, 그에 맞는 자료를 찾아, 자신의 생각을 글로 옮기는 것에 주저함이 없었다.

그가 자신의 생각을 글로 옮기는 것에 왜이리 주저함이 없는가 알아봤더니, 그동안 비슷한 작업을 많이 해왔었다. 책이나 영화를 보고 자신의 생각을 블로그 등에 적었다고 한다. 기자는 어떤 현상과 사건에 대해 정리하고 자신의 생각을 덧붙여야 하는데, 기자가 되기 전부터 충분한 준비를 해왔던 것이다.

더불어 최 기자는 매우 공격적인 성향이다. 책을 비판적으로 읽으니, 글을 쓰더라도 '이 부분은 내 생각과 같지 않다. 왜냐면 ~'으로 시작하는 글도 많이 적었다. 한 번은 그가 운영하는 블로그를 소개한 적이 있는데, 생각보다 더 솔직한 글을 써 무섭다는 감정을 느끼기도 했다.

그의 공격적인 글은 기자로 활동할 때도 아주 잘 보여졌는데, 그가 쓴 기사를 읽고 분노했다는 CEO의 소식을 들을 때마다 음산하게 웃는 최 기자를 본 적이 있다. CEO 입장에서도 잘못된 정보면 따지든, 소송이든 걸 텐데 '정확한 정보'로 시비를 걸어오니, 분노만 삼키고 기사를 내려달라고 할 때가 종종 있었다. 참 무서운 친구다.

이 추천사는 최 기자를 기억하는 내 회고록에 가깝다. 독자들에게 이 책이 어떻다고 추천하기 전, 내가 아는 최 기자가 어떤 사람인지 자세히 적는 게 더 도움이 될 거라고 생각했다. 그의 철두철미함과 독서 & 글쓰기를 대하는 마음가짐을 여러분이 안다면, 이 책을 읽고 여러분의 삶에 잘 적용할 수 있을 것이다.

강마루 | (재)한국예술문화재단 이사장

무대에서 노래를 부를 때 저는 언제나 '내가 어떤 이야기를 전달하고 있는가'를 가장 중요하게 생각합니다. 감정 없는 소리는 사람의 마음을 움직일 수 없기 때문이죠. 그래서 저는 평소에도 '사람'과 '이야기'에 참 많은 관심이 있습니다. 그런 제게 최재혁 기자는 꽤 인상 깊은 사람이었습니다.

최재혁 기자는 단순히 책을 많이 읽는 사람이 아닙니다. 책에서 얻은 생각을 글로 빠르게, 그리고 정확하게 풀어내는 능력까지 갖췄습니다. 그의 글을 보면 때로는 무서울 정도로 솔직하고, 때로는 집요하리만큼 팩트를 끝까지 추적합니다. 기자로서의 그런 태도는 물론, 그의 삶의 자세 그 자체이기도 합니다.

이 책을 통해 여러분도 아마 비슷한 자극을 받으실 겁니다. 어쩌면 불편할 수도 있고, 어쩌면 도전이 될 수도 있습니다. 하지만 그 과정이 결국 우리를 더 나은 사람으로 성장시킬 것이라 믿습니다. 저도 이 책을 읽으며 다시 한번 '나는 어떤 이야기에 도전하고 있는가'라는 질문을 던져봅니다.

『독서와의 전쟁』을 읽으면서 그의 신념이 고스란히 담긴 책이라는 걸 느낄 수 있었습니다.

• **정경호** | 커뮤니케이션학 박사, 前 미래에셋생명 지점장

『독서와의 전쟁』은 독서를 통해 삶의 깊은 통찰을 전하는 따뜻한 여정이라고 할 수 있다. 지혜와 감동이 조화롭게 어우러지는, 최재혁 작가의 섬세한 시선은 단순한 책 읽기를 넘어 내면을 깨우는 시간이 될 것이며 당신의 일상에 새로운 빛이 스며들 것이다.

• **김동혁** | 팡홀딩스 대표이사

"생각은 읽고 쓰는 행위에서 깊어진다"

바쁜 일상에서도 책을 읽고, 그것을 내 언어로 정리해보는 시간은 마치 스스로를 닦아내는 도전이자 훈련입니다. 독서는 타인의 사고를 빌려 더 넓은 시야를 갖게 하고, 글쓰기는 그 확장된 생각을 내 안에 단단히 자리 잡게 합니다.

저는 사업을 하면서 수많은 판단과 결정을 내려야 했고, 그 중심에는 늘 '생각의 힘'이 있었습니다. 생각은 저절로 깊어지

지 않습니다. 읽고, 곱씹고, 써보는 과정을 통해 비로소 제 것이 되었고, 그런 힘이 방향을 잃지 않게 해주었습니다.

독서와 글쓰기는 단순한 취미가 아니라, 스스로를 성장시키는 가장 강력한 도구입니다. 책을 사랑하고 올바른 방향성을 지닌 최재혁 작가의 『독서와의 전쟁』이 그런 의미에서 많은 이들에게 촉진제가 되기를 바랍니다.

혜자포터 | 네이버 인플루언서

AI가 일상 속에 스며들며, 다양한 AI 도구를 써 보면서 '글쓰기'능력에 대해 중요성을 더 실감하게 된다. 똑같은 AI 도구라도 어떤 글(프롬프트)을 쓰느냐에 따라 결과물이 달라지는 것을 체감했기 때문이다.

그럼 AI 시대에 좋은 글쓰기 능력은 무엇을 통해 배울까? 당연한 이야기지만, 좋은 글을 많이 봐야 한다. 그중에는 책을 강력하게 추천한다.

인터넷 밈, SNS, 온라인 기사 등 단편적인 글에서는 배울 수 없는 섬세하고, 구체적이면서, 전문적인 문장이 책에는 녹아 있다. 적은 비용으로 쉽게 배우는 것은 책 외에는 찾기 어렵다고 생각한다.

책을 자주, 많이 볼수록 좋은 문장을 이해하고, 그 문장을 AI 시대에 적극적으로 활용한다면 그 어떤 분야에 있다 하더라도 한 단계 더 성장할 수 있는 발판을 마련할 수 있을 것이다.

최재혁 편집장은 AI 시대에 가장 필요한 글쓰기를 주목한다. 당신이 AI 시대에 적응하고 싶으면, 반드시 『독서와의 전쟁』을 읽어보길 바란다.

이태림 | 마케팅연구소 숲 대표

　최재혁 CEO저널 편집장은 박학다식하다. 그의 지식 대부분은 평소 갈고 닦은 독서와 정보 탐색에서 기인한다. 하지만 모두가 책을 열심히 읽고, 뉴스를 본다고 그처럼 박식하지는 않다. 그는 자신이 배우고 쌓은 정보와 이야기를 머리에 저장하려고 무진장 노력한다. 그의 하루를 옆에서 지켜본다면 누구나 그의 노력에 박수갈채를 보낼 것이다.

선우의성 | 유크랩 대표, 前 SKT 유튜브 PD

　독서와 글쓰기는 저에게 있어서도 인생의 키워드입니다. 덕분에 커리어, 내면의 성장, 휴식 등 인생의 중요한 순간에 도움을 받았습니다.

　『독서와의 전쟁』은 실제 독서와 글쓰기로 성장하며 언론사 대표로 성장한 저자의 10년 간의 인사이트가 고스란히 담겨있습니다. 『독서와의 전쟁』을 통해 여러분도 인생의 중요한 순간에 결정적인 도움을 받을 것이라 확신합니다.

최범수 작가 | 『상처와 불안 이렇게 극복해!』 저자

작가의 스토리가 인상적이다. 마치 늦깎이 천재들의 비밀이란 책이 연상된다. 즉 전문화된 세상에서 정통 코스의 교육과 길을 걷은 사람뿐 아니라, 전혀 다른 루트로 성공한 사람들이 있다는 것이다.

그가 실업계 공고 출신인데 현재 잡지사 편집장으로 활발한 활동을 하는 것이 인상적이다. 그만큼 많은 시간을 독서와 사고력 키우기, 글쓰기에 쏟은 결과이기도 하다.

이는 흡사 테니스 선수 로저 페더러의 사례가 연상된다. 그는 어린 시절 야구, 축구 등 다른 종목 운동을 하고 10대에 테니스에 입문했다. 그럼에도 그는 41세까지 테니스 최고의 자리를 지켰던 것이 연상된다.

『독서와의 전쟁』은 좋은 학벌과 출신을 떠나서 자신만의 노력과 집중적인 활동을 통한 성공사례로도 보인다. 독자들에게 작가의 삶의 방식과 태도, 그의 사례를 통한 아이디어를 주기도 한다. 누구나 도전할 수 있다는 희망을 준다.

● **이윤지 작가** | 『감정 되찾기』 공동 저자

　누구나 시작점은 다르다. 하지만 끝은 스스로 만들어 갈 수 있다. 독서와 글쓰기가 인생의 흐름을 어떻게 바꾸는지, 『독서와의 전쟁』이 증명한다.

　방황을 견디며 써 내려간 한 청춘의 기록은, 지금 방향이 필요한 당신에게 깊은 위로와 용기가 되어줄 것이다.

● **이원탁 작가** | 『감정 되찾기』 공동 저자

　책은 쌓인다. 시대를 거치며, 선대의 지혜를 모으며. 과거의 경험과 지식은 책을 통해 개인에게 전달된다.

　글은 조언한다. 내일은 이렇게, 오늘은 그렇게. 현재를 돌아보고 미래를 다짐하게 도와준다.

　최재혁 기자의 『독서와의 전쟁』은 책과 글, 과거와 미래가 어우러져, 그렇게 삶이 만들어졌다.

서문

우리나라 학생들이 어른들에게 가장 많이 듣는 말은 뭘까? "공부해!", "아직도 놀아?", "스마트폰 안 내려놓을래?", "언제까지 엄마 속 썩일래?" 등 어른이 되어서도 찔끔하게 만드는 당시 어른의 말들이다. 하지만 이들보다 더 많이 듣는 말이 있다. 바로 "책 읽어라"는 어른의 다그침. 도대체 어른들은 왜 이리 책을 읽으라고 강요하는 걸까? 정작 본인들은 읽지도 않으면서 단순히 "책 많이 읽어야 사람 된다"라고 한다. 책을 안 읽는 어른은 사람이 아닌 걸까? 부단히 자연스럽지 않은 책 강요임에도 불구하고, 우리나라는 글을 읽을 줄 아는 나이가 되면 책을 읽게 된다. 어린이집부터 유치원, 초등학교에서는 제1과제가 바로 '독서'다. 이에 대해 불만을 갖는 아이들이 없으니 그런 걸까? 자연스레 책을 읽는다.

나 또한 마찬가지였다. 어린이집을 다닐 때부터 책이 항상 주변에 있었고, 맞벌이 부모님을 뒀기에 굉장히 심심했다. 집에서 멍하니 TV를 보다가 문득 책이 궁금했고, 그렇게 책의 세계에 빠졌다. 초등학교에 입학하기 전부터, 책은 내게 새로운 세계를 선사했다. 동화보다는 이솝우화, 탈무드 같은 인생 교훈을 주는 책을 좋아했다. 그 어린 나이에 어떤 깨달음을 얻고 싶었는지는 모르겠지만, 한 생명체가 어떠한 행동으로 무언가를 깨우쳐 새로운 삶을 살아가는 과정이 매력적으로 다가왔다. 아마 '이겨나감'이 내게 맞았던 것이 아닐까?

어릴 때부터 단순한 흥미로 인한 독서를 했고, 나이가 들어서도 마찬가지였다. 책이 재밌어서 읽었을 뿐인데, 남들은 책 읽기를 무척 힘들어하는 사실을 보고 꽤 충격받았다. '저들은 왜 책 읽기를 이렇게 힘들어하는 걸까?' 시간이 한참 지나서 깨달았다. 그들은 책을 통해 세상을 알아가는 게 재미없구나. 책이 재밌었던 한 아이는 점차 세상을 배워나갔고, 하나씩 쌓여가던 내 안의 지적 풍부함은 나도 모르는 새 폭발적으로 성장하며 지금의 '나'를 만들었다.

이 책은 내가 '나'로서 성장할 수 있었던 '이야기'를 적었으며, 4번 챕터에서는 '나를 성장 시킨 책'을, 5번 챕터에서는 '여러분을 성장시킬 책'과 그 이유를 밝혔다. 부디 이 책을 읽고 여러분이 독서와 글쓰기를 대하는 자세가 바뀌었으면 좋겠다. 끝으로, 이 책 『독서와의 전쟁』이 나오기 전까지 옆에서 가장 큰 힘이 되어준 2명의 여성에게 감사와 고마움을 전달한다.

CONTENTS

∞ 추천사   005
∞ 서문   016

1
문제아였던 내가 책으로 인생을 바꾼 이야기

왜 공부는 지겹고, 책은 좋았을까? · 024   '이 길이 맞나?' 틀에 갇히기 싫었던 열여덟 · 028   나, 왜 자꾸 문제를 일으켰을까? · 033   단 한 권의 책이 내 삶을 흔들었다 · 038   세상에 내 편 하나 없다고 느낄 때 · 041   스펙보다 '나'를 선택한 용기 · 046   읽고, 또 읽고, 드디어 내 이야기가 된 책 · 050   글을 쓰며 처음으로 내 길이 보였다 · 054   미친 듯이 몰입했던 단 하나의 이유 · 059   나는 왜, 지금도 책을 붙잡고 있을까? · 063   쉬어가는 코너 독자로서 기자로서 ❶ · 066

2
책을 통해 세상을 바꾸고 싶은 당신에게

지금, 당신은 어떤 책을 갈망하고 있나요? · 074 당신에게 정말 필요한 책은 따로 있다 · 077 왜 지금, 당신의 세계를 넓혀야 할까? · 081 좁은 시야를 깨고, 새로운 시선을 주는 책들 · 084 당신을 더 작게 만드는 책은 멀리하라 · 088 독서는 책장을 채우는 작업이 아니다 · 091 당신의 독서법, 과연 괜찮은가요? · 095 나를 완전히 바꾼 단 하나의 독서법 · 100 책을 덮지 마세요, 움직이세요! · 103 읽은 책이 나의 말과 행동이 되려면 · 106 쉬어가는 코너 독자로서 기자로서 ❷ · 110

3
당신이 읽고, 쓰고, 성장하는 법

읽기만 해도 될까? 써야 비로소 남는다 · 118 글쓰기가 막막한 건, 안 해봤기 때문이다 · 122 책마다 왜 쓰는 방식이 달라질까? · 125 처음부터 잘 쓰는 사람, 없다 · 129 매일 조금씩 단단해지는 글쓰기 · 133 당신의 글을 업그레이드 하는 법 · 137 이 글, 그냥 묻어둘 거야? · 140 조금 더 내 생각을 담는 글 · 144 누가 뭐래도, '계속 쓰는 사람'이 결국 이긴다 · 148 어엿한 '글쟁이'가 된 당신을 위해 · 152 쉬어가는 코너 독자로서 기자로서 ❸ · 156

4
나를 키운 책, 나를 만든 이야기

세상의 거대한 흐름을 깨닫게 한 『태백산맥』·164 내 삶의 목적을 다시 묻게 한 『국가론』·168 무너질 때마다 나를 일으켜 세운 『국가란 무엇인가』·172 내 우울의 정체를 꿰뚫게 한 『불안』·176 '난 잘 살고 있는 걸까?' 『차라투스트라는 이렇게 말했다』·180 우리의 슈퍼 히어로 『전태일 평전』·184 '보이는 것'이 전부가 아니다 『논리-철학 논고』·188 타인을 향한 따뜻한 시선 『시골 의사의 아름다운 동행』·192 상처받은 나를 이해하고 안아준 『당신이 옳다』·196 지식의 숲을 걷게 한 『지적 대화를 위한 넓고 얕은 지식』 시리즈·200 쉬어가는 코너 독자로서 기자로서 ❹·204

5
당신의 성장을 이끌 책들

문장의 깊이를 만들어 주는 『토지』·212 사랑이 뭔지 모르겠다면 『나는 왜 너를 사랑하는가』·216 당신의 목표를 달성하게 할 『설득의 심리학』·220 당신은 괴물인가, 영웅인가? 『죄와 벌』·224 진짜 자유를 고민하게 하는 『자유론』·228 세상과 역사를 깊이 탐구하는 『총, 균, 쇠』·233 논리적 사고를 단련시켜 주는 『이기적 유전자』·237 나를 알기 위한 질문의 퍼레이드 『정의란 무엇인가』·241 인간은 어디서 왔고, 어디로 가는가 ―『길가메시 서사시』·245 복잡한 세상, 본질을 짚어주는 『도덕경』·249 쉬어가는 코너 독자로서 기자로서 ❺·253

- ∞ 끝맺으며·256
- ∞ 참고문헌·258
- ∞ 출간후기·259

'공부로 성공한다'는 당연한 공식은 옳은 걸까?
내 청춘을 바쳐 명문대에 가면 행복할까?
내 답은 "아니오"였다.
난 나만의 방법으로 '성공의 길'을 걷고자 했다.
그때, 옆에 책이 있었다.

①
문제아였던 내가
책으로
인생을 바꾼 이야기

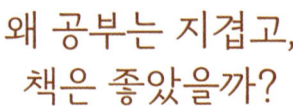
왜 공부는 지겹고,
책은 좋았을까?

　누구나 어릴 땐 영재라고 하던가? 초등학교 때만 해도 반에서 상위권 성적을 놓친 적이 없고, 어디를 가나 똑똑하다는 소리를 들었다. 그래서인지 부모님은 없는 형편임에도 겨우 초등학교 4학년을 종합학원에 입원시켰고, 매일 12시까지 영어와 수학을 공부했다.
　처음부터 불만이 있었던 건 아니었다. 학교에서 만난 친구들이 하교 후, 약속이라도 했듯이 학원에서 그대로 만난다. 그때만 하더라도 초등학생부터 학원에서 밤을 새우는 게 당연할 때라, 부모님은 자신의 등골을 팔아서라도 아이에게 투자했다. 뼈 빠지게 노력한 부모님의 소중한 돈인지 알 리 만무한 '작은 나'는 친구랑 놀기 위해 학원에 갔다. 학교는 수업의 틀이 정해져 있고, 학생도 많다 보니 심적 거리가 먼 편인데, 학원은 작은 강의실에 친구들과 옹기종기 모여 다소 프리한 분위기로 공부하니 심적·물리적 거리가 매우 가까워 좋았다.

행복은 짧고 불행은 길다고 했던가? 학원에서 같은 반이던 친구들은 능력평가에 따라 하위권 반으로 이동했고, 나는 외국어반으로 이동했다. 뭔지도 모르고 학원 선생님이 시키는 대로 갔는데, 외국어고등학교를 목적으로 공부하는 반이라고 했다. 내가 제일 힘들어하는 게 영어를 비롯한 외국어인 것도 모르고 말이다. 원래도 공부를 즐겨하지 않았는데, 더욱 멀어졌다. 내가 상위권 성적을 기록한 건 공부를 열심히 해서가 아니라, 수업시간에 '잘 듣고, 선생님 말씀을 잊지 않아서(?)'다. 앉아서 종일 교과서만 들여다보며 문제를 푸는 건 내 적성에 맞지 않았다.

그때부터 여기저기 아파왔다. 안 아픈 곳이 없었다. 물론 신체적인 통증이 아닌, 마음이 아픈 거였다. 부모님, 특히 엄마한테 꾀병을 부리며 매일 학원을 빼먹고 집에 있었다. 비싼 학원비를 그냥 하늘로 날린 게 무척이나 마음 아팠을 부모님이지만, 한 번도 내게 꾸지람한 적이 없다. 오히려 닭백숙을 끓이며 "아프지 않았으면 좋겠다"며 등을 쓰다듬어줬다. 평범한 효자라면 부모님의 감동적인 노력에 의해 마음을 고쳐먹었겠지만, 난 지금 당장 내가 사는 게 중요했다. 결국 끈질긴 설득 끝에 학원을 그만두기로 했다.

친구들이 학원 갈 시간에 나는 집에 갔다. 같이 놀던 친구들과 자연스레 멀어졌고, 학교에서 대화를 할 때도 주제에 쉽게 끼어들기 힘들었다. 난 학교에서만 함께하고, 그 친구들은 학원까지 2배의 시간을 함께 보내니 더욱 할 얘기가 많았다. 다소 당황스러웠지만, 억지로 땡깡을 피우진 않았다. 이 모든 것은 내가 선택한 일이다. 누굴 미워하지도 않았다. 내 운명이라고 여겼다. 시간이 남고, 심심했다. 당시엔 스마트폰도 없었다. 컴퓨터를 하려면 집에 가야 했고, 집에서 게임만 하기에도 부모님 눈치가 보였다. 남는 시간을 채우고 싶었다.

어린이집과 유치원을 다닐 때 집에 책이 꽤 많았다. 이 책들은 딱 2부류로 나뉘는데, 내가 읽을 책과 부모님이 읽을 책이었다. 아빠는 내가 좋아할 이야기 형태의 책을 주로 사줬고, 아빠는 어른용 베스트셀러를 읽었다. 궁금해서 아빠가 읽던 책을 보면, 분명 내가 아는 글씨인데 문장은 전혀 이해하지 못할 정도로 난해했다. 그래서 내가 읽을 책만 읽었다.

초등학교에 입학해서는 집에 책이 별로 없었다. 아니, 읽을 책이 없었다. 책을 많이 읽으니 부모님 입장에서 매주 책을 사기 껄끄러운 듯했다. 그때 엄마가 어디선가 책 5권을 갖다주며 말했다. "앞으로 일주일에 책 5권씩 읽어" 지금은 넷플릭스 등으로 우리와 가까운 '구독 서비스'는 그때만 해도 잘 접하지 못한 신종 서비스다. 당시 엄마가 가입한 구독 서비스는 매주 책 5권을 집으로 보내주는 것이었다. 책은 무작위로 왔는데, 어쨌든 어린아이들이 읽을 만한 책이었다. 굉장히 허접한 그림동화책도 왔고, 어린아이가 읽으라는 건가 싶은 난해한 책도 있었다.

이때 정말 다양한 책을 접했다. 아빠가 사주던 책에서, 얼굴도 모르는 사람이 읽으라고 보내오는 책을 읽었다. 내가 모르는 세계에 대한 글을 읽으면 읽을수록 다양한 분야의 호기심이 생겼고, 더 새로운 책에 손이 갔다. 하지만 누가 정해준 책을 읽을 수밖에 없어서 아쉬움이 가득했다.

다시 학원을 그만둔 시점으로 돌아와, 시간이 남아돌던 나는 처음으로 학교 도서관에 갔다. 학교 도서관에는 우리집 책장과는 차원이 다를 정도로 책이 많았다. 적어도 10배, 아니 50배, 최소 100배 정도로 책이 넘쳐났다. 그야말로 신세계였다. 항상 누가 읽으라고 줬던 책만 읽은 한 아이가, 자신이 읽고 싶은 책을 고르기 시작했다. 그간 독서하며 넓혀놨던 나의 세계는 도서관에서 수많은 책을 읽으며 더욱 폭발적으로 확장했다.

"학교에서 배운 것을 다 잊어버린 후에도 남는 것이 바로 독서다"
-알베르트 아인슈타인-

'이 길이 맞나?'
틀에 갇히기 싫었던 열여덟

고등학교 졸업

사람은 크게 2부류로 나뉜다. 정해진 대로 사는 삶이 편한 사람 or 자유분방함이 제1순위로 중요한 사람으로 말이다. 전자는 과거, 우리 증조 세대부터 쭉 윗세대까지 해당된다. 과거 평범한 양민은 정해진 대로 살아야 행복했다. 평생 자신의 업을 지키며 가정을 이루고, 자연스레 늙어 죽음으로 사라지는 것이 미덕이었다. 후자의 자유분방함은 현대에 들어 '창의성'이 부각되면서 장점으로 인정받기 시작했다. 조선시대에 창의적인 사람은 기존 틀에 얽매이지 못한 사람이었다. 개혁을 외치거나, 예술로 자신의 한을 승화했던 이들인데 주로 관아에 붙잡혀 모진 신세를 피하지 못했다.

하여튼 현대에는 장점으로 인정받는 자유분방함이, 내게는 제1순위로 중요했다. 남들이 시키는 대로 살고 싶지 않았다. 어른들은 돈 많이 버는 일을 하라고 하는데, 나는 행복이 가장 중요하다 생각했다. 행복하기 위해서 평생 노동만 하며 살고 싶지 않았고, 좋아하는 일을 찾아 떠나고 싶었다. 하지만 내가 뭘 해야 행복한지 전혀 알지 못했다. 아마 학생들의 최대 숙제가 아닐까? 학생들은 저마다 장래희망으로 대통령, 아이돌, 유튜버 등을 적는다. 과연 이 직업들은 학생들이 진정 되고 싶은 직업일까? 이 직업을 통해 '자유'를 얻고 싶은 게 아니었을까?

나 또한 어떤 직업을 택해야 할지 몰랐다. 초등학생 때는 탁월한 신체조건으로 주변 중학교 운동부에서 스카우트하려 했다. 한번 도전해볼까 했지만, 몸 쓰는 일을 좋아하지 않았고 천식도 있었다. 끝내 거절할 수밖에 없었다. 중학교에 입학해서도 고민을 떨쳐내지 못했다. 한낱 중학생이 경험하고 체험할 수 있는 직업은 한정적이었다. 교사, 경찰, 소방관 등 공무원이나 TV에 나오는 연예인이나 정치인이 그나마 직·간접으로 경험할 수 있는 직업이었다.

이때도 내게 유일한 해답은 '책'이었다. 당시 자서전이 꽤 많이 나왔는데, 내게 인상적이었던 책은 반기문과 한비야가 쓴 글이었다. 유엔사무총장에 오른 반기문이 알고 보면 평범한 시골 청년이었다는 사실, 평범한 주부였던 한비야가 에베레스트를 오르면서 매번 도전하는 삶을 사는 걸 보고 다양한 감정이 들었다. 특히, 부러웠다. 도전하고, 또 도전해서 무언가를 이뤘다. 도전해서 이뤄내는 이겨냄은 내가 매우 어릴 때부터 읽던 책들의 스토리였다. 나 또한 도전해서 이뤄내, 끝내 이겨내고 싶었다.

그러나 뭘 도전해야 할까? 도전하고 싶었지만, 도전할 종목을 찾지 못했다. 뻔한 핑계처럼 들릴까? 기회가 주어지지 못하는 듯했다. 무엇이라도 도전하고 해보고 싶었지만, 학교와 부모님이 내게 말한 건 딱 하나였다. "뭐라도 되고 싶으면 일단 공부부터 해" 공부부터 하라는 말이 왜 이리 듣기 싫었는지 모르겠다. 더욱 삐뚤어지고 싶었다. 난 반기문처럼 노력해서 높은 자리에 올라 사람들한테 존경받고 싶었고, 한비야처럼 불가능한 도전을 끝내 이겨내고 싶었다. 그런데 어른들은 내게 공부하라고만 강요한다. 그들은 날 이해하지 못했다. 그래서 책만 읽었다. 책을 읽고, 생각해보고, 다시 책을 읽고, 고민했다.

　창밖을 보며 공부하던 중, 한 친구가 눈에 들어왔다. 매일 하루도 안 빼고 문제집을 풀던, 쉬는 시간에도 쉬지 않고 책상에 머리를 박던 친구였다. 터벅터벅 걸어가, 오른쪽 어깨를 툭 치며, 퉁명스러운 목소리로 물었다. "넌 뭘 그리 공부하냐?" 책에 눈이 팔린 친구가 고개를 슬며시 들더니, 내가 물은 사실을 깨닫고 약간 당황했다. 내가 말 거는 게 처음이니 그럴만했다. "문제집 푸는데, 왜?" 그렇게 같은 반이 된지 3개월 만에 처음으로 대화를 했다. 그 친구는 알고 보니 초등학교 때 나랑 같은 학원을 다녔고, 내가 외국어반에 들어갔을 당시 그 친구는 과학반에 있었다고 한다. 그렇다. 과학고등학교를 노리고 공부하는 친구였다. 관심이 없을 때는 존재 자체를 못 느끼다가, 한 번 인식하기 시작하니 참 대단해 보였다. 자신이 목표한 것을 이루기 위해 최선을 다해 공부하는 것이 말이다. 누가 숙제를 내준 것도, 잠시라도 쉬면 회초리를 드는 것도 아닌데 스스로 공부하길 쉬지 않았다. 그 친구야말로 내게 반기문이고, 한비야였다.

책을 통해 해답을 찾으려던 나는, 가장 가까이서 답을 찾은 듯했다.

* 이 친구와는 10년이 흘러 우연히 한 식당에서 만났다. 아르바이트를 하고 있던 친구는, 무사히 과학고등학교에 갔다. 이후 명문대에 입학한 건 기정사실이었다. "성공했구나"라고 축하를 전한 내게, 그 친구는 머쓱해하며 "이제 시작인 걸, 뭐"라며 악수를 마저 했다. 이 친구는 지금쯤 뭐 하고 있으려나?

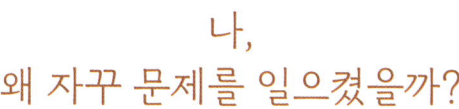

나, 왜 자꾸 문제를 일으켰을까?

 자신이 정한 길을 이루기 위해 쉴 새 없이 달리던 친구를 보며, 다시 나를 다잡았다. 어른 탓을 하지 말고, 내가 할 수 있는 최선을 다해야 한다는 생각으로 가득 찼다. 그때 난 중학교 3학년이었다. 중학교 3학년은 고등학교 3학년과 당연히 차이가 나지만, 비슷한 점이 하나 있었다. 고등학교를 선택해야 한다는 것이다. 물론 내 친구들은 자연스레 인문계 고등학교에 입학했지만, 나는 실업계 고등학교가 눈에 띄었다. 당시만 해도 실업계 고등학교를 가는 건 인생의 패배자이자, 불량한 학생이라는 꼬리표를 직접 붙이는 것과 같았다. 문제아들 혹은 공부를 지지리도 못하는 학생들이 어찌 됐든 고등학교 졸업장을 따기 위해서 입학하는 곳이었다. 하지만 내 생각은 달랐다. 지금 당장 멍청하게 남들이 가는 대로 인문계에 입학해서 남들과 똑같이 공부하면 내 미래는 크게 달라질 것이 없다는 판단이었다. 상대적으로 시간이 널널한 실업계에 진학해서 내가 뭘 할지 찾아보겠다는 생각이었다. 더욱이 기술을 배워서 대기업에 입사하는 것도 정해진 대로 사는 삶이지만, 충분히 나쁘지 않은 삶이라고 생각했다.

그렇게 실업계 고등학교를 가기로 정한 후, 부모님을 설득했다. 부모님은 극히 만류했다. 아버지가 실업계 고등학교를 나와 전기 기술자로 평생을 살았다. 나만큼은 무슨 수를 써서라도 공부를 시켜, 앉아서 하는 일을 했으면 하는 게 부모님, 특히 아빠의 바람이었다. 하지만 난 설득했다. 책에 나온 수많은 위인들은 학교에서 정한 공부를 잘하지 못했지만, 한 분야를 지극히 갈고 닦아 역사에 이름을 남겼다. 물론 내가 그런 위인들처럼 될 수 없을지 몰라도, 실업계 고등학교에서 열심히 기술을 배워서 대기업에 입사하겠다는 당찬 포부를 밝혔다. 내 선언에 부모님은 벙찐 표정이었고 "일단 알겠다"며 방으로 돌아갔다. 이후 부모님이 상의하는 걸 몰래 들었는데 "저 정도 확신이면 우리가 고집을 꺾는 게 맞겠다"고 말했다. 내 주장이 통한 것이다.

실업계 고등학교에 입학해 내 진로를 찾겠다는 생각은 현실이 됐을까? 아니, 현실의 벽은 생각보다 높았다. 평소 공부를 안 하던 사람이 갑자기 마음을 먹는다고 해서 당장 바뀌지 않는다. 변화는 생각보다 많은 동력을 요구하고, 내 실현욕은 변화를 기대할 정도가 아니었다. 정말 실컷 놀았다. 내 또래의 인문계 고등학교 친구들이 밤낮으로 공부할 때, 우리는 실습하고 공부한 뒤 오후 4시 반부터 자유 시간이었다. 물론 실업계에서도 누군가는 공부하고, 열심히 기술을 갈고 닦지만, 그렇게 노력하는 사람은 1/10도 채 되지 않았다. 하지만 미래에 대한 방향은 확고히 잡았다. 부모님께 말씀드린 것처럼 대기업 생산직 사원을 목표로 했다. 고등학교를 졸업하고 '방위산업체'에 들어가 3년을 일하며, 군대를 해결한다. 그 사이에 야간대학 혹은 사이버대학을 이수하며 자격증을 취득한다. 예상대로라면 내 또래의 나만큼 뛰어난 스펙을 지닌 사람은 전무하게 된다. 그야말로 완벽한 계획이었다.

    담임선생님과 이야기하면서도 더욱 확신이 들었다. 선생님은 대부분의 학생들에게 내가 가려는 루트를 강조하며 "20대 때 10년만 고생하면 그 이후가 편하다"고 말해왔는데, 나는 알아서 길을 걸어가려니 얼마나 뿌듯했겠는가? 선생님과 상담할 때마다 구체적인 계획을 짜며 27살에는 대기업에 입사하는 걸 목표로 했다. 목표는 단단했지만, 고등학생인 지금 당장 할 수 있는 건 크게 없었다. 딸 수 있는 자격증을 취득하는 게 전부였는데, 순조롭게 준비하고 있어서 큰 걱정이 없었다.

그래서 난 도서관에 갔다. 당시 어울리던 3명의 친구가 있었는데, 이들이 도서관 사서 도우미 역할을 했기에 더욱 도서관에서 살았다. 실업계 고등학교는 도서관이 잘 안 되어있을 거라는 편견이 있는데, 오히려 친구들이 책을 안 읽어서 더 정리가 잘 되어있는 편이다. 정말 책을 많이 읽었다. 주로 인문학 책을 위주로 읽었는데, 사람에 대해 공부하고 싶었다. 세계적 석학들이 주장하는 바를 최대한 이해하며 읽었지만, 당시 내 세계관으로는 완벽히 이해되지 않았다. 그래서 책을 들고 사회 & 국어 선생님을 찾아가 물었다. 대단한 질문이 아니어도 선생님들이 기뻐하던 게 아직도 새록새록하다.

그렇게 행복한 나날이 이어지던 중, 하늘의 시련이 찾아왔다. 갑작스러운 불청객이었던 허리디스크는 내 삶을 송두리째 파괴했다. 걷기는커녕 편안히 누워있지도 못했다. 앉아야 수업을 들을 수 있는데, 허리가 너무 아파서 결석도 많이 했다. 이대로 평생 걷지도 못하고 살아야 하나 자괴감이 들고 괴로웠다. 허리를 부여잡고 찾아간 병원에서는 수술을 권유했다. "이 정도로 앉아 있기도 힘들면 수술을 하는 게 맞아요. 내일 바로 하시죠"라고 무표정으로 말했다. 이상하리만치 소름끼쳤다. 내 인생 첫 수술이기도 하고, 허리에 잘못 손대면 인생이 망가질 것만 같았다. 엄마를 설득해서 다른 병원에 방문해보고자 했다. 입던 환자복을 벗으니 일단은 살 것 같았다. 다른 큰 대학병원에 가니 "수술할 정도는 아니고, 일단 약 먹으면서 지켜보죠. 시간이 해결해줄 수 있어요"라고 했다. 수술하기 너무 싫었기에, 그의 말을 성경처럼 믿었다. 다행히 시간이 흐를수록 앉게 됐고, 걷게 됐고, 뛸 수 있었다.

* 내가 기자로서 수많은 성공한 사람을 만났는데, 그들이 항상 하는 말이 뭐냐면 "학생 때 1년을 허비하는 게 인생을 망칠 것 같지만, 그 1년을 망치지 않으려다 인생의 방향이 망가진다"였다. 고3 때 내 인생이 망가질 것 같아 무리했다면 허리디스크는 더 안 좋아져, 정말로 내 인생을 망쳤을 것이다. "급할수록 돌아가라"는 말은 노인보다 젊은이에게 해당하는 말 아니겠는가.

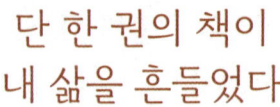

단 한 권의 책이
내 삶을 흔들었다

 허리디스크는 쉽게 낫는 병이 아니다. 많은 허리디스크 환자가 평생 함께할 동반자로 여긴다. 평생 관리하며 살아야 할 정도로 재발률이 높다. 더욱이 19살 여름방학에 터진 허리디스크는 스무 살을 넘겨서도 완벽히 낫지 않았다. 온갖 악재가 낀 듯했다. 계획을 세우면 막는 사람이 있는 것 같고, 누군가 내 앞길에 똥을 뿌리는 사람이 존재하는 느낌이었다. 그래서 살던 곳을 떠나서 살기로 결정했다. 그렇게 서울을 떠나 삼촌들이 사는 인천으로 향했다. 원래는 취직 후 야간대학을 가려 했지만, 서 있지를 못하니 취직이 불가능했다. 그래서 일단 대학을 가고자 했다. 엄마는 내가 죽어도 4년제를 가기 원했으나, 난 취직이 먼저라 생각해서 2년제 전문대를 택했다. 그중 취업특화대학을 선택했다. 마침 인천에 있는 학교였다.

대학에 들어가며 한 가지 다짐을 했다. 주어진 2년을 최대한 알차게 쓰자고 말이다. 원대한 계획을 세우며 책 하나를 들었다. 왠지 모르게 이 책이 나를 어딘가로 인도할 것만 같았다. 그 책은 우리나라에서 가장 많이 팔린 시리즈 중 하나인 『이문열 삼국지』였다. 어릴 때부터 삼국지는 참 많이 읽었다. 만화로 된 삼국지, 한 권으로 읽는 삼국지 등 사나이 가슴을 울리는 영웅들의 이야기가 좋았다. 그러나 제대로 된 삼국지를 읽어본 적이 없었다. 특히 이문열 삼국지를 읽고 싶었으나 아빠는 사주지 않았고, 학교 도서관에는 꼭 1권 아니면 2권이 없었다.

거금 5만 원을 들여 이문열 삼국지 전권을 샀다. 책을 받았을 때의 감정이 아직도 또렷하다. 기대감으로 고취된 20살의 나. 책을 단숨에 주파하리란 마음으로 1권을 들었다. 사람들은 삼국지를 왜 읽을까? 어떤 사람들이 삼국지를 읽을까? 삼국지는 그야말로 한 세계의 이야기를 담았다. 정말 다양한 인물이 나오고, 인물의 감정과 생각이 고스란히 담겨 있다. 삼국지연의의 각색, 이문열 작가의 상상력이 더해진 하나의 픽션이라고 할 수 있다.

삼국지는 영웅의 찬란한 모습을 주로 담을 것 같지만, 실제로는 추악한 면모와 간악한 꾀가 한가득이다. 2명의 아버지를 죽인 '삼성(三姓)' 여포, 거대한 병력과 물자를 지녔음에도 허술한 판단력으로 자멸한 원소, 여포의 무력을 지녔지만, 특유의 호승심으로 인해 일찍 사망한 손책, 허무하게 자신의 모든 걸 내어준 유장, 유선 등 온갖 인간 군상을 밝힌다. 특히, 삼국지에서는 한 집단의 흥망성쇠를 모두 기록했기에 사람이 어떻게 뜨고 망하는지를 명확히 보여줬다. 어떤 이는 반면교사가 되고, 어떤 이는 롤모델이 되었다. 처음 읽었을 때는 조조의 명석함과 냉철함을 닮고 싶었고, 한 번 더 읽으니 능력이 부족해도 모두를 내 편으로 만드는 유비가 부러웠다. 능력은 인정받으면서 타인의 적이 되지 않은 가후가 대단했고, 조조의 백만대군 앞에서 전의를 잃지 않은 주유는 남자 중의 남자로 보였다. 한 사람에게 꿈을 심는 방법은 간단하다. 꿈을 꾸고, 그 꿈을 이룬 사람의 이야기를 들려주면 된다. 난 삼국지를 읽으며 다시 꿈을 키웠다.

"사람으로 태어나서 삼국지를 읽지 않는 것은 불행이다"
-이문열

세상에
내 편 하나 없다고 느낄 때

사회복무요원 시절

대학을 졸업하고, 약 1년 동안 일하며 사회를 경험했다. 군대에 가기 전까지 많은 경험을 하고 싶었다. 전공과 아무런 상관이 없는 경호원을 지원했는데, 내 키 때문인지 덜컥 붙었다. 그렇게 경호원을 하며 전국을 쏘다녔다. 다양한 사람을 만나고, 그 사람들의 이야기는 내게 넓은 세상이 있다는 걸 다시 한 번 확인시켜 줬다.

군대는 허리디스크로 인해 4급, 사회복무요원을 명 받았다. 내 발령지는 집 근처의 지방교육청이었는데, 흔히 말하는 서류작업 등 잡무를 할 거라고 생각했다. 4주 기초군사훈련을 받고 교육청으로 출근하니, 내가 초등학교 행정실에 배치된다고 했다. 성인이 되어 다시 초등학교로 돌아간 것이다. 업무는 간단했다. 행정실에 찾아오는 민원인에게 서류를 떼어주고, 기타 다양한 잡무를 처리하면 된다. 하루 딱 8시간을 근무했고, 추가로 일하거나 주말에 출근하는 경우는 절대 없었다.

첫 3개월은 적응하느라 바빴다. 민원 업무에 적응할 때가 되니, 연말이라 선생님을 포함한 교직원들이 연말정산을 하느라 정신없었다. 또, 한 해가 지나니 정리하고 파쇄해야 할 서류가 넘쳐나서, 담당 주무관과 서고에서 살았다. 다행히 적응 시간이 끝나니, 여유가 생겼다. 하루 근무 8시간 중 1시간은 점심 먹고 잡무를 보고, 남은 4시간은 이것저것 일을 하면 3시간의 자투리 시간이 있었다. 다만 이 시간에는 게임을 하거나, 만화책을 가져와 읽을 수는 없다. 컴퓨터로 업무를 보거나 해야 하는데, 할 게 없으니 매일 뉴스나 봤다. 이때는 하루에 3시간을 뉴스만 보니 웬만한 정보는 속속들이 알았다.

뉴스 보는 것도 너무 질려있던 차에, 방학이라 시간이 남던 행정실 주무관이 책을 읽는 것을 목격했다. 그 모습을 보고 "어떤 책을 읽으세요?"라고 물었더니, 한강 작가의 『채식주의자』를 읽는다고 답했다. 그 자리에서 책에 대한 이야기를 주고받다, 내가 책을 좋아한다는 사실을 안 주무관은 "앞으로 시간 날 때 딴 거 하지 말고 책 읽어. 내가 커버해줄게"라고 다독여 주었다. 그 주무관은 내 엄마뻘이었다. 그렇게 하루에 최소 3시간씩 책을 읽었다. 초등학교 도서관임에도 어른이 읽을 만한 책이 많았다. 도서관을 하도 왔다 갔다 하니, 사서 봉사를 하는 학부모와 이런저런 대화를 나눌 정도로 친해졌다. 매주 5권씩 빌려 읽었다. 특히, 조정래 작가를 굉장히 좋아하는 편이었는데, 마침 대하소설 『태백산맥』 전권이 있었다. 단 2주 만에 독파했다.

행정실에 오는 선생님들도 날 볼 때마다 "책 읽는 사회복무요원은 처음 보네. 혹시 이 책 좋아하면 읽어볼래?"라며 자신의 책을 선물했다. 덕분에 난 교장선생님에게까지 소문이 나서, 학교 안에서 독서 관련 행사가 있으면 항상 불려갔다. 아이들 상대로 무료(?)강의도 하고, 학부모들과 아이들 독서 상담도 진행했다. 내가 어릴 때부터 쌓아온 독서가 직접적으로 효과를 본 첫 순간이었다. 책을 읽고 토론도 처음 해봤다. 간혹 만나는 선생님들과 급식실에서, 산책을 하다 만나서, 수업을 도와주다가 책에 대한 이야기를 했다. 저자가 말하는 주장의 진위 여부, 저자의 판단이 옳은지 여부, 이 책이 말하고자 하는바, 이 책을 읽고 무엇을 느끼고 내게 어떻게 적용할 수 있는지 등 수많은 대화를 했다. 주 토론 대상은 50대 선생님들과 30대 중반 남자 선생님이었다. 50대 선생님들은 자식 같다며, 본인 자식이 이렇게 학구열이 있었으면 얼마나 좋을까 이야기하며 날 귀여워했다. 30대 선생님은 내가 체육수업을 몇 번 도와줬더니 금방 친해져서 형동생처럼 지냈다.

독서 후 토론의 최대 장점은 책을 한 번 더 읽는 효과가 있다는 것이다. 누군가와 대화하기 위해선 내가 한 번 더 정리하는 과정이 필요하고, 읽은 내용을 되새김질하면서 머릿속에 기억한다. 또, 상대와 대화하는 과정 속에서 다양한 주장과 생각을 엿볼 수 있고, 내 세계관이 무한히 확장하게 된다. 그야말로 확장의 시간이었다. 아이들에게 독서 방법을 가르치고, 독서를 대하는 태도를 알려줄 때도 큰 도움이 됐다. 단지 재미로 읽은 책이 내게 어떤 영향을 끼치는지, 청자의 입장에서 설명하려고 노력했던 것이 다시 한 번 독서를 하는 이유에 대한 확신으로 변모했다. 내가 누군가를 가르칠 수 있을 정도가 됐다는 사실이 한 단계 스펙업을 증명하기도 했다. 그렇게 내가 살아오면서 가장 많은 책을 사회복무요원 기간에 읽었다. 난 어떤 변화를 겪고 있었을까?

* 많은 부모가 자식에게 "할 거 없으면 책이나 읽어라"라고 말하는데, 오히려 아이가 책을 싫어하게 만드는 역효과를 낼 가능성이 높다. 책을 읽고 무언가를 얻고자 한다면, 내가 이 책을 왜 읽고 싶은지가 명확해야 한다. 아이가 책을 읽게 만들고 싶다면, 아이가 현재 무엇에 관심 있어 하는지를 먼저 파악하라. 그 관심에 맞는 책을 선물하면 "그만 좀 읽어라"라고 해도 책에서 손을 떼지 않을 것이다.

스펙보다
'나'를 선택한 용기

　초등학교 도서실에 아무리 어른이 읽을 만한 책이 있다고 하더라도, 한정적이다. 주로 아이들을 위한 책이고, 어른을 위한 책은 주로 베스트셀러 위주다 보니 이미 읽은 책이 많았다. 더 새로운 책을 찾고 싶었다. 그래서 생전 처음으로 동네 지역 도서관에 방문했다. 지역 도서관은 그간 방문했던 학교 도서관과 차원이 달랐다. 어린 시절 우리 집 책장과 학교 도서관이 수십 배의 차이가 났다면, 학교 도서관과 지역 도서관은 최소 10배의 차이를 드러냈다. 정말 수많은 책이 있었고, 어떤 장르의 글이든 모자람 없이 넘쳐났다. 그야말로 책의 신세계였다.
　가장 먼저 찾은 책은 과학, 사회 인문계열이었다. 세상에 대한 궁금이 가득했다. 책을 읽고, 뉴스를 보며 인간을 넘어 세상과 세계가 궁금했다. 태초의 인류, 인류 이전의 지구, 문명이 들어선 이후 인류의 변화까지 세상의 수많은 정보를 내 머리에 가득 담고 싶었다. 너무나 많은 책이 있어서 쉽게 고르기 어려웠다. 처음으로 인터넷에서 추천 도서를 찾아 읽기 시작했는데, 내가 좋아하던 유시민 작가의 추천 도서들이 있어 순차적으로 읽었다.

이때 읽은 책 중에 하나가 『이기적 유전자』였다. 저자 리처드 도킨스에 대한 평가는 반기독교주의라는 등 꽤 갈리는 편이지만, 그의 명저 이기적 유전자는 주장하고 근거를 들이밀며 자신의 이론을 완성하는 데에는 매우 완벽하다. 제목을 보면 유전자가 능동적으로 판단해서 이기적으로 행동한다고 생각할 수 있지만, 유전자는 자신의 유전자를 잇기 위해 자신의 잣대에 맞는 선택을 계속 내린다는 것이다. 우리가 본능이라고 부르짖는 것은 실제로 유전자에 의한 행동이며, 별생각 없이 내리는 판단 또한 유전자에 의한 것이라고 설명한다.

처음 이기적 유전자를 읽고 숨을 크게 턱 내쉬었다. 이 사람의 말이 옳은지, 그른지 판단을 내리기 전에 '나'라면 이런 책을 쓸 수 있을까 싶었다. 내 생각을 잘 정리해서 합리적인 근거를 세우고, 읽는 이가 쉽게 이해할 수 있도록 풀어서 써야 한다. 이때의 리처드 도킨스는 내게 벽과 같은 사람이었다. 절대 글솜씨로 넘을 수 없을 것만 같던 벽 말이다.

그렇게 내가 상대적 박탈감을 느끼고 있을 때, 도서관에는 나 이외에도 수많은 사람이 있었다. 열람실에는 나처럼 단순히 책이 좋아서 온 사람이 많았다. 평일 낮에는 우리 부모님 또래의 어른들이 많았는데, 나무로 된 빳빳한 독서대를 놓은 채 돋보기안경으로 유심히 독서하는 분들이 많았다. 다른 경우는 공부하는 분들이었는데, 자습실보다 열람실이 편한 건지 인터넷 강의를 틀어놓고 열심히 수강하는 분들이 있었다. 주말에는 아이를 데려온 부모님이 꽤 많은데, 시끄럽고 진정이 안 되는 아이들도 도서관에만 오면 조용해지는 경향이 있다. 본인보다 큰 그림책을 바닥에 텅 하니 앉아 집중해서 읽는 아이들을 보면 마치 나의 어린 시절을 마주하는 것 같아 뭉클해지기도 했다. 환경은 인간을 지배한다고 하던가? 도서관의 조용한 분위기에서 모두가 책을 읽거나 공부하는 이 순간, 나는 오로지 책에 집중할 수 있었다. 간혹 들리는 소곤거리는 말소리와 뽕 하고 텀블러 뚜껑을 열어 물 마시는 소리는 마음을 편안하게 만드는 일상의 소리였다.

책이 정말 좋았다. 이 세상의 모든 것을 알려줄 것만 같았다. 실제로 내가 궁금한 대부분의 것들을 책이 알려줬다. 아니, 내가 궁금해하지 않는 것, 내가 전혀 알지 못해 궁금할 수 없었던 것도 책이 알려줬다. 그렇게 나는 책을 좋아하는 애독가들과 함께 하루를 보냈다. 시간이 어떻게 흐르는지도 모르고 말이다. 그야말로 "책에 살어리랐다"를 외치던 시기였다.

"성장하려면 반드시 책을 가까이해야 한다"
- 신용호 교보생명 창립자

읽고, 또 읽고,
드디어 내 이야기가 된 책

　책을 읽고 그 내용을 온전히 기억하는 사람은 천재거나 뇌에 문제가 있을 것이다. 사람은 망각의 동물이며, 기억을 상실하는 것이 때론 축복이기도 하다. 하지만 책을 읽고 그 내용이 잊히는 것은 너무도 안타까운 일이다. 난 소중한 글귀 하나라도 놓치고 싶지 않았기 때문에, 읽을 때마다 최선을 다했지만, 망각은 자연스러운 결과였다. 잊힘의 아쉬움이 너무도 컸기에, 더 많은 책으로 덮고 싶었다. 내용을 잊을 때마다 다른 책을 들었고, 정말 좋은 책은 몇 번이고 더 읽으면서 내 머릿속을 가득 채웠다. 철저한 오만이었다. 기억의 빈자리를 또 다른 책이 채운다는 내 생각은, 자리의 여백은 무엇으로도 대체할 수 없다는 진실을 마주하고서 포기했다. 그렇게 어찌하지도 못하고 고민만 하던 중, 절친한 친구와 만나 이런저런 이야기를 하다 글쓰기에 대해 논하기 시작했다. 친구는 매일 일기를 적고 있었는데,

손으로 쓰는 게 아닌 블로그에 자신의 하루를 담는다고 했다. 당시의 나는 블로그가 뭔지는 알아도, 단순 일기만 쓰는 용도로 사용해서는 안 된다는 착각에 빠져있었다. 그때만 하더라도 영화 평론가들이나 사용하는 장소라고 생각했다. 이런 내 생각을 터무니없이 여긴 친구는 "일단 시작해보라"며 다독였다. 자신도 별 기대 없이 시작한 블로그였고, 하다 보니 친구도 생기고 다양한 글을 기록하게 됐다고 설득했다. 조금은 무서웠다. 아니, 두려웠다. 평생 글이라고는 내 이름 세 글자와 백일장 때 억지로 쓴 게 다였다. 일기도 정말 꾸역꾸역 써냈는데, 책을 읽고 블로그에 내용을 정리하며 내 생각을 담아낸 뒤, 그 글을 누군가 읽는다는 게 무척이나 끔찍했다.

결과는 어땠을까? 안 해보고 결정하는 건 내 성격이 아니다. 포기하더라도 일단 도전해보자는 결정을 내렸다. 하지만 당장 블로그에 글을 쓰기는 무서웠다. 먼저 공책을 챙겼다. 책을 읽다가 떠오르는 생각이나 감정을 무작위로 공책에 적었다. 내용을 정리하고 싶은 책도 공책에 이리저리 적었다. 마구잡이로 적은 생각과 내용을 나중에 다시 한번 읽으며 깔끔히 정리했다. 하고 나니 꽤 볼만한 글이 됐다. 과연 난 블로그에 글을 썼을까? 결국 적었다. 하지만 독후감을 먼저 쓰지 않았다. 영화 후기를 먼저 적었다. 왠지 모르게 책보다 영화가 운신의 폭이 더 넓게 느껴졌다. 영화는 어떻게 보고 느껴도 잘못이랄 게 없는데, 책은 어떤 정형화된 정답다운 후기가 있는 것만 같았다. 이때만 해도 글을 쓰는 것에 두려움이 컸다. 블로그에 영화 후기를 쓰고, 이웃이 점차 늘어나며 소통하다 보니 '내 글'에 대한 자신감이 늘었다. 영화 후기를 적을 때도 조금 더 내 생각을 더하며 솔직한 글을 썼다. 만약 누가 내 글이 별로라고 지적하거나, 논조가 안 맞는다는 등 핀잔을 걸었으면 얕은 자존심이 폭삭 내려앉아 뻔한 글을 쓰게 됐을 것이다.

그렇게 영화 후기에 평소 생각에 대한 글, 뉴스를 보며 하고 싶은 말 등 다양한 글을 쓰기 시작했다. 영화를 포함해 책을 많이 읽을 때라 자연스레 책에 대한 후기를 썼다. 처음에는 책을 읽고 정리하는 방식으로 작성했다. 목차에 따른 글은 피하고, 내 나름대로 중요하다는 포인트를 최대한 살렸다. 책의 한 챕터만 따와서 내용을 첨언하는 식의 분석도 작성했다. 그야말로 글에 대한 자신감이 늘어 쓸 수 있는 장르가 다양해졌다. 글을 쓰다 보니 자신감이 생기는 걸까, 실력이 붙으니 글에 힘이 넘치는 걸까? 둘 다라고 생각한다. 글은 쓸수록 힘이 붙는다. 21세기의 대한민국을 살아가는 사람이라면 웬만해서 말을 잘한다. 설령 말을 못할지라도 내 생각이 존재하고, 그 생각을 뒷받침하는 주장을 누구라도 하고 있다. 말을 못하고, 글을 못 쓴다는 건 잘 안 해봐서 그리고 자신감이 현저히 부족해서일 가능성이 매우 높다.

글을 자주 쓰다 보면 나만의 패턴 혹은 습관이 생성된다. 이때 주변 지인에게 글을 한 번 봐달라고 하거나, 내 블로그 이웃처럼 자연스럽게 글이 오고 가다 보면 실력이 자연스레 는다. 누군가에게 글을 보여준다는 것은, 내 생각을 알려주는 것이고, 생각을 잘 전달하기 위해서 주장에 근거가 강해진다. 근거가 강한 글은 힘 있는 글이고, 힘이 넘치면 그 글은 매력 있게 된다. 그렇게 글의 자신감을 얻은 나는 내가 생각하고 느끼는 하루를 모두 블로그에 담았다. 그렇게 블로그와 사랑에 빠졌다.

"시작이 완벽할 필요는 없다. 시작해야 완벽에 가까워진다"
-지그 지글러

글을 쓰며 처음으로
내 길이 보였다

사랑하는 방송국 선배님들과

학교 행정실에서 보낸 2년을 무사히 마치고, 사회인으로 복귀한 나는 오로지 나를 가꾸는 데 최선을 다할 뿐이었다. 도서관에 가서 책을 읽고, 몸이 피곤한 날에는 집에서 영화만 봤다. 당시 OTT가 막 나올 때라, 넷플릭스와 왓챠의 무료 이용권을 뽕 뽑겠다는 생각으로 주구장창 영화만 봤던 기억이 가득하다. 하루의 패턴은 제대하기 전과 다를 게 없는데, 내 가슴은 너무도 불안했다. 군인 신분이기에 어쩔 수 없이 자기 계발하던 때와 달리, 이제는 돈을 벌어 내 몫을 해야 할 시기에 책과 영화만 보는 것이 문제라고 생각했다. 하지만 당장 제대한 지 얼마 되지 않아 불안을 잠재우고 내 할 일에 집중했다.

그렇게 제대한 지 6개월이 지날 무렵, 이미 이력서는 여러 곳에 지원했었다. 전문대를 나왔기에 공업계열로 취직하고자 했지만, 나이가 어리고 아직 기술이 부족할 것 같다는 이유로 취직에 실패했다. 연이은 실패에 차라리 돈이라도 벌어보자는 심정으로 해본 적도 없는 영업직에 지원했다. 가장 만만한 콜센터에 이력서를 넣었지만, 여성 지원자를 위주로 뽑는다는 말에 낙담했다. 중고차 영업이라도 시도해볼까 싶었지만, 이미지가 너무 좋지 않아 포기했다.

여느 날과 같이 공고를 매일 뒤지던 날, 다소 이색적인 모집문을 발견했다. '방송국 취재 보조 채용'이라는 제목의 글이었는데, 내용을 보니 인천방송국 사회부에서 취재 보조를 할 인력을 모집한다는 것이었다. 지원 자격을 보니 결격 사유도 없어 무작정 지원했다. 왠지 모르게 꽂혔다. 전공을 못 살린다면 새로운 경험이라도 하고 싶었다. 방송국에서 일하면 다양한 사람을 만나고, 성공한 사람도 많이 만나서 배울 수 있다는 생각으로 꼭 됐으면 싶었다. 이력서를 쓰고, 알맞은 자기소개서를 작성하는 데 3시간이 걸렸다. 매일 블로그에 글을 3~4개를 쓰니 이력서를 작성하는 것 자체는 어려움이 없었지만, 글을 잘 쓰는 것은 또 다르다. 기자들이 어떤 글을 좋아할지, 취재 보조라는 인력 특성상 어떤 인재가 필요할지 최대한 고민하며 적어내렸다. 그렇게 글을 마치고 전송하기 버튼을 누르는데, 별거 아닌 그 순간에도 심장이 벌렁거렸다.

 이력서를 넣고 기다리는데 10일이 지났는데도 연락이 없다. 떨어진 건가 싶었지만, 탈락 이유라도 알고 싶어 담당자에게 전화를 걸었다. "저 취재 보조 지원했는데요, 혹시 떨어진 건가요?" 돌아온 대답은 간단했다. "아, 제가 휴가를 다녀와서 아직 지원서를 다 못 봤어요. 내일 다시 연락드릴게요." 뭔가 싶었지만, 일단 떨어진 건 아니라는 말에 무너진 가슴을 다시 잡아끌었다. 다행히 1차 서류 전형에서 합격했다는 소식을 들었다. 당장 엄마한테 가서 자랑했다. "엄마, 나 방송국에서 일할 것 같아!" 엄마는 쓸데없는 소리 하지 말라고, 나를 타박했다. 맞는 말이었다. 아직 최종 면접에 붙은 것도 아니니까 말이다.

그렇게 면접날이 되고, 정장을 갖춰 입고 면접 장소로 향했다. 다소 가까운 인천시청 근처에 사무실이 있었다. 면접 30분 전에 도착했더니, 나와 통화했던 담당자와 만났다. 첫 만남부터 "담배 하세요?"라고 묻던 그는, 내게 왜 이 일을 하고 싶은지 물었다. 그와의 대화가 면접은 아니었지만, 준비한 멘트를 날렸다. 그의 리액션은 단지 끄덕일 뿐이었다. 면접 시간은 서서히 다가오고, 사무실에 들어가 기다렸다. 면접응시자는 나 포함 2명이었다. 급하게 뽑는 면접이라고 들어서인지, 경쟁률은 2대1이었다. 합격률이 50%나 되는 상황임에도 오랜만에 꺼내 입은 정장이 불편한지 자꾸 옷매무새를 고치고 있는데, 머리가 희끗한 50대 중반의 남성 2명이 문을 열고 들어왔다. 면접이라는 중압감 때문인지, 응시자에게 압박감을 주고 싶었던 건지 2명의 중년은 다소 무거운 분위기를 풍겼다. 그렇게 면접이 시작됐다. "우리 회사에 왜 지원했어요?", "평소에 뉴스는 좀 보나요?", "최근에 가장 인상 깊게 본 뉴스는 뭐였나요?"라는 질문이 내게 꽂혔다. 회사에 지원한 이유와 인상 깊게 본 뉴스는 예상한 질문이었다. 다소 흥분될 수 있는 상황임에도 입을 덤덤히 열었다. "다양한 경험을 하고 싶었습니다. 어릴 때부터 9시 뉴스를 챙겨봤고, 시사 프로그램을 통해 세상을 배웠습니다. 성인이 되고 나서는 세상을 알기 위해서 웬만한 뉴스는 다 탐독했고, 특히 사회부 기사를 흥미롭게 읽었습니다"라고 지원 사유를 밝혔다. 다소 뻔한 지원 사유는 피하되, 너무 특색 있는 이유를 꺼내지 않았다. 가장 인상 깊게 본 뉴스에 대해서는 "제가 최근 부동산 경제에 대해 관심을 갖기 시작했습니다. 뉴스에서 알려주는 정보를 넘어, 우리나라 경제 발전과 떼려야 뗄 수 없는 부동산의 이해가 궁금해서 관련 도서 10권을 읽었습니다. 이 책을 읽고 제 나름대로 분석해봤으며, 이에 대한 분석 기사를 작성해봤습니다"라고 답했다. 그러자 면접관들이 크게 관심을 보이며 어떤 책을 읽었는지, 어떤 기사를 썼는지 알려달라고 했다. 미리 프린트한 기사를 전달했고, 책은 기억나는 대로 답했다. 내 대답에 대해 면접관의 표정 변화는 크지 않았지만, 당연히 붙을 거라고 확신했다. 면접을 마치고 사무실을 나서는데, 나와 통화했던 담당자가 옷깃을 잡고 물었다. "잘 봤어요?" 속으로 답했다. "네." 겉으로 답했다. "열심히 했습니다." 그렇게 난 생전 꿈에도 꾸지 않은 방송국 기자 생활을 시작했다.

* 이때만 해도 내가 기자의 길을 계속 걷게 될 줄은 몰랐다. 2030 청년은 불투명한 자신의 앞날을 걱정하고, 4050 부모님은 자식의 미래가 걱정될 것이다. 그 걱정은 올바른 방향성으로 지워낼 수 있다. 올바른 방향만 갖춘다면 언젠가 성공한다. 그러니 방향성부터 바로잡자.

미친 듯이 몰입했던
단 하나의 이유

방송국 재직 시절

　방송국에 입사한 후, 계약 기간 2년을 모두 채운 후 세상으로 나왔다. 난 선택해야만 했다. 언론에 더 몸담을지, 아니면 다른 직무를 찾아야 할지 말이다. 깊은 고민을 하다, 다시 한 번 언론을 택했다. 그렇게 가게 된 곳이 CEO 전문 잡지사였다. 이렇게 평범한 일반인이자, 공업고등학교 꼴통이던 나는 언론사에 입사해 지금까지 기자로 살고 있다. 이 글을 쓰는 지금, 벌써 8년 차 기자다. 물론 기자 생활을 시작했다고 처음부터 쉬웠던 건 아니다. 재미로 책을 읽던 내가, 직업적으로 많은 글을 읽어야 했다. 책은 내 스타일에 따라 빠르게 읽고 싶을 땐 훑어 넘기고, 집중해서 읽을 때는 한자씩 꾹꾹 눌러 담듯이 읽으면 된다. 하지만 기사를 쓰기 위해서는 내가 읽기 싫은 자료도 절대 놓치지 않아야 한다. 글쓰기도 마찬가지다. 내 생각을 자유롭게 써 내려가던 방식에서 벗어나, 기사라는 틀이 갖춰진 글을 써야 했다. 글을 내 선배들에게 보여줘야 하며, 검사받고 만족스럽지 않으면 고치거나 다시 써야 한다. 내가 써오던 블로그 글과는 차원이 달랐다.

입사하고 많은 순간 자괴감에 빠졌다. 내가 잘못된 길을 걷는 게 아닐까? 뱁새가 황새 따라가다 가랑이가 찢어진다고 하는데, 뱁새는커녕 참새도 안 되는 내가 괜히 무리한 건 아닐까? 고민이 깊었다. 그럴 때마다 날 일으켜 세운 건 성공하겠다는 목적 하나 때문이었다. 성공하고 싶었다. 내 공고 친구들이 당연한 것처럼 공장에 들어가서 많은 시간을 노동하면서도 돌아오는 결과는 만족하기 어려울 때, 내 실력으로 드높은 결과를 얻고 싶었다. 노력한 만큼 당연히 따라오는 결과를 얻고 싶었다. 그러기 위해서 많은 경험이 필요하고, 경력에 걸맞은 실력을 지녀야 했다. 그래서 다시 책을 들었다. 글쓰기 책을 도서관에서 5권씩 빌려, 읽고 또 읽었다. 읽었을 때 도움 안 되는 책은 옆으로 치우고, 내 기사에 도움 되는 책은 몇 번이고 다시 읽었다. 책을 들고 글로 정리했다. 한 번 읽은 내용을 잊지 않고 싶어서, 잊더라도 언제든 다시 펼쳐볼 수 있게끔 노트에 깔끔히 기록했다. 읽고, 보고, 쓰고를 반복하다 보니 기사 쓰는 실력도 금세 늘 수 있었다.

한 번은 내가 선배들에게 물은 적이 있었다. "어떻게 하면 기사를 잘 쓸 수 있나요?"라고 말이다. 두 선배에게 물었고, 서로 다른 대답이 돌아왔다. 하나는 "놓치면 죽는다는 생각으로 자료에 집중하고, 기사 쓸 때는 정리만 깔끔히 해. 기사는 자료의 질과 양에서 퀄리티가 달라지는 거야." 또 다른 하나는 "유명 언론의 칼럼과 기사를 매일 필사해. 나도 그렇게 시작했어." 무엇이 정답일까? 여러분이 생각하기에 어떤 방법이 내게 도움 됐을까? 난 2가지 모두 시도했다. 방대한 자료를 찾고, 그 자료 속에서 핵심이 되는 부분을 찾았다. 그리고 소위 잘 쓴다는 기사를 매일 같이 손으로 필사했다. 퇴근하고 나서 쓰거나, 일찍 출근해서 남는 시간에 열심히 필사했다. 필사하고 나서 옆으로 치워두지 않고 다시 한번 읽었다. 그렇게 필사한 글을 총 3번 읽는데, 처음 양질의 기사를 찾을 때 한 번, 필사하면서 한 번, 필사한 뒤 다시 한번 읽었다.

"이 세상은 노력해서 안 되는 게 없다"는 말이 있다. 솔직히 찬성하지 않는다. 노력해서 다 되는 세상이었으면, 어려울 게 없었을 것이다. 다만 노력하면 뭐라도 알게 된다. 노력해서 될지, 안 될지를 알 수 있고, 내가 이 일에 적성이 맞는지도 알 수 있다. 일단 노력부터 해봐야 한다는 말이다. 그렇기에 블로그를 시작해보라고 권한 친구에게 감사하다. 단지 무서워서, 얼굴도 모르는 사람에게 욕먹을까 봐 시도조차 못 하고 있던 글쓰기를, 그 친구의 조언으로 도전할 수 있었다. 내가 블로그에 글을 쓰지 않았으면 기자가 될 수 없었을 것이며, 지금의 내가 아닌 다른 사람이 되어 있을 것이다. 시작한 뒤, 성공을 향한 열망 하나로 꾸준히 노력한 '나'에게도 감사하다. 누구나 할 수 있는 노력임에도, 노력하는 사람은 몇 없으니 말이다.

> "나는 타인의 문장을 베껴 쓰며 내 문장을 길렀다.
> 그렇게 남의 문장이 내 것이 됐다"
> — 김훈

나는 왜,
지금도 책을 붙잡고 있을까?

　지금 세상에는 인터넷과 유튜브 등 SNS에 수많은 정보가 있다. 정보가 파도처럼 물결쳐 오는 시대라, 방대한 정보를 정리해 주는 AI의 역할이 커질 정도로 말이다. 한 번은 고등학생을 상대로 강의를 하던 중 '책을 왜 읽어야 하나요?'라는 질문을 들었다. 그러게, 책을 왜 읽을까? 어릴 때부터 수도 없이 듣던 "책 읽어라. 책을 많이 봐야 사람 된다"는 말이 어떤 뜻일까? 지금처럼 막대한 정보의 홍수 속에서 우리는 왜 아이들에게 책을 읽어야 한다고 말할까?

　난 이렇게 답했다. "책만큼 정보의 깊이가 가득한 책이 없다"고 말이다. 인터넷이나 SNS에 떠도는 정보는 대다수가 짧고 얕다. 자극적으로 적힌 글, 주장이 빈약한 글, 깊이가 부족해 공감이 되다 말다 하는 글처럼 힘이 부족하다. 그러나 책은 힘이 가득하다. 대략 200장이나 되는 분량에 적힌 주제의 글은 충분한 설명과 예시, 근거로 채워져 있다. 어떤 SNS 글에서도 발견할 수 없는 깊고 묵직한 글이라는 것이다.

흔히들 '책은 저자와의 대화'라고 표현한다. 나는 이를 넘어 '저자의 깊은 생각을 대놓고 엿볼 수 있는 기회'라고 부른다. 단순한 대화에는 불필요한 첨가물이 한가득이다. 평범한 안부 인사, 상대의 감정을 헤아려야 하는 에티튜드, 속 깊은 질문을 하기까지 필요한 곁가지 질문 등이 필요하다. 그러나 책에서는 첨가물을 넣지 않은, 푹 곤 사골처럼 진득한 엑기스만을 뽑아낼 수 있다. 더군다나 책은 읽고 싶지 않으면 언제든 내려놓을 수 있다. 막상 대화를 요청했는데 생각보다 별로일 때도, 자리를 박찰 수 없음과 큰 차이가 있다.

그렇다고 사람과의 대화가 불필요한 건 아니다. 책을 읽고 느낀 바와 생겨난 질문을 저자에게 던질 때, 책의 효과는 무한히 폭증한다. 저자와의 대화도 종종 있고, 저자에게 메일을 보내도 된다. 무척 친절한 작가들은 질문 메일을 받을 때, 기쁜 마음에 대답해주곤 한다. 거기다 SNS의 발달로 인해 메일이 아닌, 인스타그램 DM이나 유튜브 댓글로 의사소통할 수 있다. 저자와 독자의 물리적 거리가 무척이나 가까워진 시대가 왔다. 이처럼 책은 일상생활에서 느낄 수 없는 경험과 지식을 한가득 안겨준다.

지금의 내가 정체를 느끼거나, 한 단계 더 스텝업할 필요를 느끼다면 반드시 찾아야 할 것이 '책'이다. 마치, 내가 발전하기 위해 책을 읽은 것처럼 말이다.

> "우리는 클릭을 하며 정보를 소비하지만,
> 독서를 하며 스스로를 만든다"
> – 니콜라스 카

쉬어가는 코너

독자로서 기자로서 ❶

우리, 책에 굶주렸던 못난 친구들 이야기

못난 친구들

책 읽기에 관한 이야기, 특히 내 친구들과 겪은 서점 방문 일화는 예상외로 단순한 독서 경험을 넘어 '왜 우리는 책을 읽어야 하는가?'라는 근본적 질문을 던진다.

20대 남자들이 모이면 흔히 PC방, 무한리필 식당, 당구장, 만화방 같은 곳에서 시간을 보낸다. 내 친구들도 예외는 아니었다. 우리는 스스로를 '못난이들'이라 부르며, 순진하고 단순한데다 모난 구석이 많은 친구들이었다.

그들과의 시간은 거칠고 허무할 때가 많았지만, 그럼에도 서로의 존재만으로 마음의 안정을 얻었다. 하지만 반복되는 거친 일상에 피로가 몰려왔다.

그러던 어느 날, 한 친구가 "우리도 서점에서 책이나 읽자"고 제안했다. 1년에 책 한 권 읽기 힘든 친구가 던진 이 말에 모두가 놀랐고, 반신반의하며 서점으로 향했다. 서점에 들어간 우리 못난이들은 로마에 가면 로마법에 따르라는 말처럼, 예의부터 지켰다. 말 한마디 안 섞고, 각자 책을 골라 책상에 마주 보고 앉았다. 나는 서점을 쭉 훑어보며 호기심이 가는 책 4권을 골라 앉았다. 친구들은 각자 『로마에 대한 이야기』, 『식객』, 『경제 대공황 이겨내기』라는 책을 가져왔다.

우린 각자 말없이 한 시간 동안 독서했다. 결과는 어땠을 것 같은가? 2명이 자고, 한 명은 끝까지 읽었다. 맞다. 식객을 고른 친구만 유일하게 끝까지 책을 읽었다. 다른 2명은 정확히 10분간은 책을 읽다 서서히 몸이 흐트러지더니 스마트폰을 자꾸 열었다 닫았다 하다가 퍼질러 잤다. 결과는 예상대로였다. '내 그럴 줄 알았다.' 친구들은 '책'이라 하면 반드시 내게 정보를 줘야 한다고 생각한다. 접근이 잘못됐다. 책 읽는 습관부터 들여야 한다. 초등학교 저학년에게 공부 습관을 들이지 않고 하루에 5시간씩 공부하라고 하면, 대다수는 딴청을 피울 것이다. 서점에서 나와 친구들에게 "어려운 책 고르지 말고, 너희가 관심 있는 책을 읽어라"라고 현실적으로 조언했다. 친구의 머쓱한 고백 "평소에 관심 있긴 했어"가 아직도 기억에 남는다.

  일상이 바쁜 현대인에게 독서는 우리 삶에 무척이나 낯설고 생경하다. 그렇기에 더더욱 어렵고 딱딱한 것이 아니라, 관심과 호기심에서 시작해야 한다. 현대는 정보의 홍수 시대에서 스마트폰 하나면 언제 어디서나 수많은 뉴스, 기사, 영상, SNS 글을 접할 수 있다. 그런데도 책을 읽으려면 책만의 매력에 빠져야 한다.

  책은 우리에게 '끊임없는 호기심'을 유지시키고, 다양한 관점에서 세상을 바라보게 도와준다. 친구들이 서점에서 각자 다른 책을 고른 것처럼, 독서는 나와 다른 생각과 삶을 이해하는 창구다. 친구들이 '식객'이라는 요리 관련 만화책에 흥미를 느낀 것처럼, 독서는 자신만의 관심사를 발견하고 깊이를 더하는 과정이다.

많은 이들이 '책 읽기'를 어려운 일, 심지어 벌 받는 일로 생각한다. 기자들도 일과 중 이미 엄청난 양의 글을 읽기 때문에 쉴 때까지 독서를 강요받으면 피곤하기 짝이 없다. 나 역시 그런 마음을 이해한다. 하지만 책 읽기는 단순한 '읽기'가 아니라 '생각하기'다. 그리고 생각하는 힘은 사회를 살아가는 데 필수적인 무기다. 서점에서 친구들이 잠든 모습은 책을 바라보는 현실을 적나라하게 보여준다. 그러나 그 속에도 희망이 있다. 책을 끝까지 읽은 친구가 있었고, 관심 있는 책을 권하자 그나마 조금이나마 독서의 문턱을 넘으려는 시도가 있었다. 이처럼 독서는 강요가 아니라, 관심과 즐거움에서 시작되어야 한다.

책은 단지 지식을 쌓는 도구가 아니다. 그것은 우리 삶을 풍요롭게 하고, 생각의 깊이를 더하며, 세상과 사람을 이해하는 눈을 키운다. 친구들과의 서점 방문은 나에게 '책 읽기의 진짜 의미'를 다시금 일깨워주었다. '못난이들'이 모여 PC방에서 떠들다가도, 서점 한켠에서 조용히 책을 읽는 모습은 우리 모두가 성장할 수 있는 가능성을 보여준다. 친구들이 서점에서 책을 읽기로 한 그날처럼, 우리 모두는 '책 읽기'라는 새로운 일상을 시작할 수 있다. 어렵고 지루하다면, 관심 있는 책부터 시작하라. 책은 결코 혼자만의 싸움이 아니다. 우리 모두가 함께 성장하는 여정이다. 그래서 나는 오늘도 책을 든다. 그리고 당신도 그 여정을 시작하길 바란다. 책은 우리 삶의 가장 든든한 친구이자, 더 나은 내일을 여는 열쇠임을 믿기 때문이다.

* 내가 '독서와의 전쟁'을 쓰고 있다는 사실을 친구들에게 넌지시 전했더니 "역시 책을 좋아하는 너는 뭐라도 하는구나"라며 축하 메시지를 전했다. 이에 코웃음 친 나는 "그러게. 너네도 뭐라도 하게, 책이라도 읽지 그랬냐?"라고 비아냥거렸더니, 친구들의 험한 욕설이 찾아왔다. 이것이 '찐친'의 진심 아니겠는가?

세상에 '못난 책'은 없다.
읽은 책을 '못나게 활용'할 뿐이다.
책은 '세상을 바꾸지 않는다.'
세상은 '책을 읽은 실행가'가 바꾼다.
당신은 책을 통해 무엇을 하고 싶은가?

②
책을 통해
세상을 바꾸고 싶은
당신에게

지금, 당신은
어떤 책을 갈망하고 있나요?

어른들이 항상 "책 좀 읽어라"라고 하지만, "이런 책을 읽어라"라고 알려주지는 않는다. 물론 학생 권장 도서라는 게 있지만, 너무도 포괄적인 추천 도서라서 모두가 즐기기는 힘들다. 넷플릭스를 포함한 OTT에는 '알고리즘 추천'이라는 항목이 있다. 내가 즐겨보는 혹은 별점을 높게 준 콘텐츠를 분석해서, 내가 좋아할 만한 콘텐츠를 알려주는 것이다. 표본이 적을 때는 추천이 틀릴 때도 있지만, 표본이 쌓이면 쌓일수록 높은 확률로 내 취향을 저격한다. 마치 MBTI 테스트를 할 때, 질문이 많고 다양할수록 내 성격을 잘 맞추는 것처럼 말이다. 그렇기에 어른의 "책 좀 읽어라"라는 말은 얼추 맞다. 일단 책을 읽어야 내가 무슨 책을 좋아할지 알 수 있다. 초등학생이라고 꼭 그림이 한가득한 책을 좋아하는 건 아니다. 성인이라고 만화책을 싫어하는 것도 아니다. 공부를 오래 한 학자라고 해서 두께가 두꺼운 책을 즐겨보는 것도 아니다. 나이와 성별, 직업에 따라 읽는 책이 정해지지 않는다. 모두의 취미가 다른 것처럼 말이다.

그럼에도 책을 즐기지 않는 사람이 읽으면 좋은 책이 있다. 책을 멀리하던 이들이 내게 "어떤 책을 읽으면 좋을까요?"라고 묻는다면, 난 확고하게 "당장 1시간이라도 집중해서 읽을 만한 책을 찾으세요"라고 말한다. 간단히 생각해 보자. 누구나 학창 시절에 공부해야 성공한다는 사실을 안다. 부모님과 선생님이 죽어라 혼을 낸다. 공부하라고 말이다. 그런데도 당신은 왜 공부를 멀리했는가? 공부가 재미없어서다. 내가 왜 국어책에 적힌 청산별곡의 의의를 알아야 하는가, 삼각함수가 내 인생에 어떤 도움이 되는가? 그냥 야구나 보면서 치킨 먹고 싶다는 생각만 가득해진다.

그러니 책에서 재미를 느낄 수 있어야 한다. 그렇다고 무작정 만화책만 보라는 건 아니다. 처음엔 만화책을 보면서 오래 앉아 있는 습관을 기르는 건 좋지만, 매일 만화책만 보면 처음 의도와 달라진다. 만화책 말고도 재밌는 책을 쉽게 찾을 수 있다. 내가 주로 보는 유튜브 채널의 종류는 무엇인지, 그나마 세상사에 관심을 두고 있는 게 어떤 것인지 고민해보면 정답을 찾을 수 있다. 실제로 내 친구 중 한 명은 책은 살면서 제대로 본 적이 없다. 그 흔한 그림책도 어릴 때부터 기피했다. 하지만 만화책과 애니메이션은 정말 좋아한다. 함께 만화방에 가면 10시간 동안 움직이지 않고 놀 수 있을 정도다. 그 친구는 "만화책 말고 다른 책은 못 읽겠다"고 했다. 난 그 친구에게 책 한 권을 선물했고, 3일 후에 연락이 왔다. "재밌게 읽었다"라고 말이다.

내가 선물한 책은 '일본 여행'이 주제였다. 만화책과 애니메이션을 좋아해서 일본 여행을 꼭 한번 가보고 싶어 했던 그 친구에게, 일본 여행의 매력을 한가득 담긴 책을 준 것이다. 3일 만에 완독한 그 친구는 "생각보다 일본 여행 비용이 얼마 안 드는 것과 자신이 좋아하는 애니메이션의 배경이 된 명소를 발견했다"고 기뻐했다. 여행을 더 철저하게 준비하기 위해서 서점에서 2권을 더 샀다는 건 매우 큰 희소식이었다. 이처럼 상대가 즐겁게 읽을 수 있는 책부터 손에 들게끔 하는 것이 매우 중요하다.

"독서를 강요하지 마라. 그들이 좋아하는 책을 읽게 하라"
- 닐 게이먼

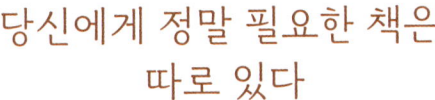

당신에게 정말 필요한 책은 따로 있다

　당신은 왜 책을 읽고자 하는가? 이 책을 서점에서 혹은 도서관에서 집어든 이유는 무엇인가? 단지 책을 잘 읽고 싶어서, 책을 빨리 읽고 싶어서 골랐다면 큰 도움이 안 될 테니 제자리에 꽂아줬으면 좋겠다. 책을 읽는 이유는 빨리 읽기 대회에 나가려는 것도, 많은 책을 읽어서 타인에게 자랑하려는 것도 아니다. 내가 무언가를 배우고 싶고, 느끼고 싶고, 성장하고 싶어서 읽는 것이다. 그런데 사람들은 독서의 이유를 자꾸만 망각한다. 빨리 읽기 대회에 나갈 것처럼 속독해서 '읽었다'라고 표현하기 힘들 정도로 내용을 망각한다. 도대체 많은 책을 읽었다고 자랑하면 누가 알아주나 물어보고 싶을 정도다. 당신이 읽어야 하는 책은 '당신을 성장시키는 책'이다. 세상이 궁금하다면 세상이 어떤 것인지, 사회를 알고 싶다면 이 사회가 어떻게 돌아가는지 알려주는 책이다. 세상이 궁금해서 책을 샀더니, 세상은커녕 다른 얘기만 주구장창 늘어놓는 책은 당신이 독서하는 이유와 다를 것이다.

실제로 목적과 다른 책이 정말 많다. 자기계발서를 샀더니 온통 자기 자랑만 늘어놓는다거나, 우리나라 역사가 궁금해서 읽었더니 비틀린 세계관을 갖고 있어, 주류와 맞지 않는 이상한 역사를 읊는 경우다. 우리나라의 독서 인구가 늘어날수록 출판업계는 급속도로 커지며, 다양한 책이 등장했다. 독립출판이라는 시스템을 악용해, 다소 당황스러운 정보를 사실처럼 안겨주는 책도 있다. 책이라고 해서 모두 옳은 것만은 아니라는 것이다. 그래서 내가 '왜 책을 읽으려는지' 이유를 명확히 해야 한다. 내가 기자로서 기사 쓰는 실력이 부족하다고 느낄 때, 당연히 글쓰기와 관련된 책을 읽었다. 글쓰기를 배우겠다면서 갑자기 소설을 읽는다면, 독서의 목적과 크게 차이 남은 당연하다.

하지만 나처럼 독서의 목적이 뚜렷하지 않은 경우가 있다. 혹자는 "저는 그냥 성장하고 싶은데, 어떤 책을 읽어야 하나요?"라고 묻는다. 참 어려운 질문이다. 누구나 잘하는 것이 다르고, 잘 아는 것이 다르며, 하고 싶은 것 또한 다르다. 우리 모두가 다 다른 사람인데 "이 책을 읽으면 당신은 성장할 것입니다"라고 말할 수 있겠는가? 그럼에도 당신을 성장시킬 책은 다양한 인문서적이다. 인문학은 우리 인류의 다양한 이야기를 담았다. 사회, 과학, 예술, 종교 등 거시적인 주제와 세부적인 주제의 미시세계도 가득 들어있다. 워낙 주제도, 내용도 다양하기에 당신이 관심 있는 책부터 읽어보는 걸 추천한다. 잘 아는 내용은 크게 집중하지 않아도 술술 읽힌다. 다 아는 이야기니 말이다. 그렇게 술술 읽다가 문득 궁금증이 생길 것이다. '어? 이 책에서 말하는 바가 맞나?'하는 생각이 들면서 관련 도서를 찾아본다. 이제 막 책을 읽기 시작하고, 다방면으로 성장하고 싶다면 서점보다 도서관을 추천하는 이유다. 내게 어떤 책이 크게 도움 될지 모르는 시기다 보니, 아무리 좋은 책이라도 사놓고 읽는 것보다, 다양한 책을 두루두루 보면서 살피는 게 훨씬 낫다. 책을 구매하면 꼭 완독해야 할 것 같지만, 도서관에서는 읽다가 내려놓아도 아무 문제가 없기도 하니 말이다. 책을 읽어야 한다는 부담감을 내려놓는 게 특히 중요하다.

인문학을 어느 정도 읽은 다음에는 고전을 추천한다. 고전은 우리 인류의 역사와 함께했다. 한 책이 50년 동안 인기가 있어도 대단한 건데, 유명 고전은 수천 년 동안 자신의 자리를 지켜냈다. 거기다 고전은 대다수 우리가 삶을 어떻게 살아야 하는지에 대해 논하고 있다. 동양철학의 진수인 춘추전국시대의 맹자, 노자 등에서 군주와 국가를 이야기하지만, 사례를 축소해 우리 삶에 빗대어 볼 수 있다. 서양의 플라톤과 아리스토텔레스도 국가와 삶을 노래하고, 최근에 큰 인기를 구사하는 쇼펜하우어의 책도 우리 삶을 이야기한다. 이처럼 다방면으로 매력적인 고전임에도 불구하고, 단지 오래됐다는 이유로 멀리하고 기피하는 경우가 있다. 우리는 쉽게 '과거의 사람들과 지금은 다르지'라고 착각하지만, 2,000년 전의 사람과 지금의 사람은 지능적으로, 삶 적으로 큰 차이가 없다. 단지 기술의 발전이 우리의 삶을 바꿔놓은 것이지, 삶에 있어서 내가 주인이어야 한다는 사실은 변함이 없다. 고전에서 부르짖는 삶의 태도와 궁극적으로 삶이 바라봐야 하는 것은 세월이 흘러도 바뀌지 않는다는 것이다. 물론 고전은 다소 어렵다. 아무리 풀어서 적힌 책이라 할지라도 지금 우리의 대화 스타일과 크게 다르기에, 읽힘 자체가 어렵다. 그렇지만 읽는 게 어려운 거지, 내용이 어려운 건 아니다. 단지 사는 이야기를 하는 것이기 때문이다. 그러니 부담을 살짝쿵 내려놓고, 고전을 펴보는 건 어떨까?

"모르는 세계에 발을 들일 때, 우리는 비로소 성장한다"
- 알랭 드 보통

왜 지금,
당신의 세계를 넓혀야 할까?

 글을 쓰는 일을 하다 보니, 주변에 글 읽는 분이 꽤 많다. 매일 수많은 기사를 읽고, 깊은 지식을 탐독하기 위해 책을 읽는 분들인데, 막상 대화해 보면 생각보다 지식의 깊이가 깊지 않다. 이처럼 책을 사랑하는 이들이 큰 효과를 보지 못하는 이유는 무엇일까?

 책을 좋아하는 사람, 한 분야의 전문가들은 어떤 책을 읽을까? 보통 자기가 좋아하거나, 본인 업무에 필요한 책을 읽는다. 자기계발 코치라면 자기계발서를, 의사라면 의학 서적과 병원을 위한 마케팅 서적, 경제학자라면 경제학을 읽는다. 아마 많은 분이 "뭐가 문제야?"라고 물을 것이다. 큰 문제다. 자신의 지식을 한 경계에 묻어버리는 행위와 같다. 이 세상은 유기적으로 움직인다. 그래서 '유기적 사회'라고 부르는 학자도 있다. 한 분야가 나머지 모든 분야를 끌고 가는 게 아닌, 각 분야가 서로의 목적에 따라 움직이며 유기적으로 행동한다. 대한민국에 사는 모든 시민이 저마다의 이유로 행동하지만, 그 행동들이 모여 하나의 사회를 이루고 있는 것과 같다.

지식도 마찬가지다. 한 분야를 깊게 판다고 해서 그 분야의 마스터가 되는 게 아니다. 분야를 깊게 파다 보면 분명 부딪히는 벽이 생긴다. 이 벽은 쉽게 이해되지 않고, 자신의 지식을 쏟아부어도 멀게만 느껴진다. 이때 다른 분야의 지식을 끌고 오면 쉽게 해결될 때가 있다. 일례로 부동산 업계에 대한 분석 기사를 적을 때였다. 부동산 공부를 쭉쭉 해나가는데, 상식적으로 이해되지 않는 부분이 있었다. 부동산 가격이 왜 이렇게 변했을까를 고민하던 중, 우연히 읽던 심리학 도서에서 정답을 찾았다. 난 부동산은 알지만, 사람의 심리를 몰랐던 것이다. 다른 분야도 마찬가지다. 평범한 회사를 다니던 팀장 A 씨는 자신이 리더로서 현저히 부족하다는 고민을 드러냈다. 팀원들이 자신을 따르지 않고, 자신도 팀원에게 양질의 가치를 주지 못하는 게 주요 문제였다. 내가 팀원들에게 가치를 안겨줄 수 없으니, 그들이 리더인 A 팀장을 따를 방법을 고민했다. 그러다 떠올린 것이 스포츠 선수들이 흔히 말하는 '위닝 멘탈리티'였다. A 팀장에게 '이기는 방법'에 대한 책 2권을 선물했다. 결과는 어땠을까?

드라마틱한 반전은 없었지만, A 팀장은 자신의 생각이 크게 틀린 것을 마주했다. 자꾸만 안 될 거라는 생각에 빠지니 팀원도 팀장을 믿을 수 없었다. 팀원에게 "믿어달라"는 말을 하고, 이를 뒷받침할 수 있는 근거를 들이미니 전보다는 나아졌다는 소식을 받았다.

꼭 삶에서의 벽이 아닌, 지식의 벽에서도 세계를 확장하는 건 중요하다. 만약 당신이 현대사회의 병폐를 공부하는데 단지 역사와 사회현상만을 공부한다면, 알 수 있는 사실은 현저히 떨어질 것이다. 과학기술의 발전, SNS가 주는 집단의 변화, 정신질환에 대한 전문가의 판단 등 따져볼 수 있는 점이 너무도 많다. 배경지식이 한없이 넓으면 바라볼 수 있는 시야도 무한히 확장된다. 당신은 경주마처럼 살고 싶은가? 경주마는 눈앞의 길이 전부인냥 달릴 수밖에 없다. 우물 안 개구리도 마찬가지다. 우물을 아무리 깊게 파도, 우물 밖으로 나오지 않으면 세상이 얼마나 넓은지 알 수 없다. 세상은 넓고 배움은 무궁무진하다. 당신의 지적능력을 한 분야에만 치중하지 않기를 바란다.

"항상 당신이 읽는 것만 계속 읽는다면,
당신은 항상 당신이 이미 아는 것만 알게 될 것이다"
- 하워드 겔먼

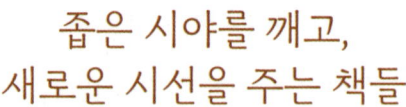

좁은 시야를 깨고,
새로운 시선을 주는 책들

 현대사회에서 우리는 정보의 홍수 속에 살고 있다. 하루에도 수많은 콘텐츠와 뉴스가 쏟아져 나온다. 쉽게 소비할 수 있는 책들도 넘쳐난다. 모든 것이 쉽게 생기고 휘발되는 상황에서, 깊이 있는 사고와 성찰을 잃어버리기 쉽다. 이때 당신에게 필요한 것이 고전 인문학, 특히 플라톤, 아리스토텔레스, 노자와 같은 사상가들의 저서다. 고전은 세상을 바라보는 새로운 시각을 제공하는 귀중한 자산이다. 특히, 플라톤의 『국가론』은 정의와 이상적인 사회에 대한 깊은 논의를 담고 있다. 플라톤은 정의가 무엇인지, 그리고 정의로운 사회는 어떻게 이루어져야 하는지를 탐구한다. 그는 각 개인이 자신의 역할을 충실히 수행할 때 사회가 조화롭게 운영된다고 주장한다.
 플라톤의 정의는 'justice'에 해당한다. 하지만 우리는 정의를 'definition'으로 해석할 수도 있다. 현대사회는 자본이 세상을 이끈다. 자본주의 세상이니 문제는 아니지만, 물질만능주의가 팽배해져 대다수 시민이 돈을 신앙처럼 여긴다. 특히, 가치관이 성립되어 주체적으로 살아갈 2030 청년들이 '돈'이라는 수단을 목표로 세우며 자신의 삶을 정의하지 못한다. 플라톤의 국가론은 justice의 정의도, definition의 정의도 깨우치게 한다. 그는 『국가론』에서 개인의 행복과 사회의 조화로운 발전이 어떻게 연결되는지를 설명한다. 내가 이 사회에서 어떤 역할을 해야 하고, 어떤 삶을 살아야 행복한지, 보이는 것 너머의 진정한 행복을 고민하게 되는 것이다. 또한 『국가론』은 인간의 본성과 교육의 중요성에 대해서도 이야기하며, 올바른 교육이 필요하다고 강조한다. 아이를 키우는 부모가 자녀 교육에 있어 올바른 가치관을 심어주기 위해 어떤 방향으로 나아가야 할지를 고민해야 할 때, 확실한 이정표가 되어준다.

고전 인문학으로서 플라톤만 위대한 건 아니다. 아리스토텔레스는 『니코마코스 윤리학』에서 행복의 개념을 중심으로 윤리를 탐구하며, 우리가 어떻게 잘 살 수 있는지를 논의한다. 그는 행복이 단순한 쾌락이 아니라, 도덕적 미덕과 지혜를 통해 얻어지는 것이라고 주장한다. 현대인들이 잃어버린 진정한 행복의 의미를 되새기며, 무한 경쟁 사회 속에서 진정한 성공과 행복이 무엇인지 고민해 보는 시간을 갖게 된다.

서양의 철학이 위대하지만, 동양의 철학 또한 절대 뒤떨어지지 않는다. 노자는 『도덕경』에서 인위적인 것에서 벗어나 본래의 모습을 찾아야 한다고 강조한다. 내가 바라보는 목표가 알고 보니 타인의 욕구 혹은 사회에서 부추기는 욕망이 아닌지 의심하게 한다. 독서의 진정한 의미로써 불필요한 욕구를 비우고 자신을 돌아보게 하는 책이 바로 도덕경이다.

위에서 3권의 고전 인문학이며 철학서를 소개했다. 아마 이름만 듣고 소스라치게 놀라서 '저는 그런 어려운 책 못 읽어요'라고 생각할 분이 많을 것이다. 현대인들은 어렵고 복잡한 고전을 피하려 하지만, 이러한 책들이야말로 필요한 통찰과 지혜를 제공한다. 절대 어렵지 않다. 고전 철학은 '우리의 삶'을 주제로 이야기한다. 철학 하면 항상 나오는 질문 "나는 어떻게 살 것인가?"부터 시작해서 "나는 왜 사는가?", "나는 무엇을 위해 사는가?" 등 꼭 필요한 질문을 던지게끔 한다. 읽기 쉬운 책만 읽으면 내 세계는 확장하지 않는다. 새로운 것을 탐구하고, 한 번 들었을 때 단번에 이해되지 않는 내용일수록, 내가 잘 모르는 것이기에 알게 되는 것 또한 많아지는 것이다. 그렇기에 나의 사고 확장을 위해서라도 어려운 책을 접할 필요가 있다. 거기다 고전 인문학을 읽는 것은 단순한 지식의 축적을 넘어서, 삶을 더 깊이 이해하고, 주변을 풍요롭게 만든다. 부디 낯섦에 겁먹지 말고, 더 넓은 세상을 마주했으면 좋겠다. 이 기회가 자신을 성장시키는 여정이길 바란다.

* 철학을 이야기하다 보면 자주 듣는 질문이 "철학하면 삶이 달라져요?"라는 것이다. 답부터 말하면 "분명 달라진다." 철학은 삶을 탐구하는 학문이다. 삶을 파고들다 보면 지혜를 엿볼 수 있다. 어려운 문제에 봉착했을 때 헤쳐나가는 힘을 철학으로 배울 수 있다.

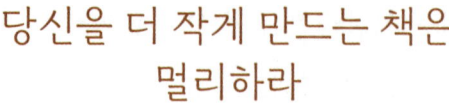

당신을 더 작게 만드는 책은 멀리하라

　책을 좋아해야 지성인으로 불리는 시대다. 하다못해 사업을 성공하기 위해서, 가수로서 성공하기 위해서도 책을 읽어야 한다고들 말한다. 그래서 부모는 아이에게 매 순간 "책 읽어!"라고 호통치며, 국가적으로 독서를 장려한다. 하지만 의문이 든다. 책을 읽는 행위 자체는 마냥 좋은 것일까? 이 세상에 좋은 것만 있는 것도 아닌데 왜 다독은 무조건 좋다고만 하는 걸까? 나는 무계획적인 다독을 반대한다. 오히려 독자에게 절대 좋지 않다고 판단한다.

　우리는 어떤 책을 읽는지, 그리고 왜 읽는지를 깊이 고민해야 한다. 무념무상으로 책을 읽는 건, 활자 읽는 연습에 불과하다. 이미 우리는 기본교육과정을 통해 국어시간에 멍하니 교과서를 읽었다. 무슨 뜻을 함유했는지, 어떤 의미가 있는지 고민해보지도 않고 책만 읽었다. 도대체 활자를 읽기만 하는 연습이 얼마나 도움이 될까? 오히려 활자 읽기 연습은 독서에 대한 호감도를 떨어뜨릴 뿐이다.

많은 사람이 단순히 책을 읽고 있다는 사실에 만족하며, 스스로를 애독가라고 위로한다. 그러나 그들은 실제로 깊이 있는 사고와 성찰을 할 기회를 놓친다. 자칭 애독가가 많아져서인지, 읽기 쉬운 활자로 가득 찬 개론서나 요약본의 출판량이 늘고 있다. 개론서나 요약본은 기초적인 개념을 이해하는 데 도움이 될 수 있지만, 그 이상의 깊이를 제공하지는 않는다. 비슷한 깊이의 책을 반복적으로 읽는 것은 지식의 깊이를 더하기보다는 표면적인 정보만을 축적하게 된다. 결국, 짧은 독서로 자신을 성장시키는 데 도움이 되지 않는다. 이렇게 무한히 얕은 지식만을 쌓는 독서는 피해야 한다. 독서의 목적은 단순히 책을 읽는 것에 그치지 않는다. 책을 통해 접한 내용을 사고하며 확장의 폭을 넓히고, 깊이 있는 지식을 쌓아야 한다. 즉, 읽는 데서 끝나지 않고, 곱씹어보는 심화 과정을 거쳐야 한다는 뜻이다. 진정한 독서는 복잡한 문제를 이해하고, 다양한 관점을 탐구하는 데 있다. 따라서 단순히 읽는 것에 그치는 행위는 피해야 한다.

또한, 자칭 애독가처럼 독서를 내세우기 위한 수단으로 만들 필요가 없다. 책을 만 권 읽었다고 이 세상을 전부 아는 것도 아니고, 책을 살면서 10권 읽었다고 바보가 아니다. 그 사람이 지혜롭거나 깊이 있는 사고를 하는 것은, 읽은 내용을 어떻게 소화하고 적용하는가이다. 책을 통해 얻은 지식이 실제 삶에서 활용되어야 가치가 있다. 우리는 독서를 통해 성장하고, 더 나은 사람이 되기 위해 책을 집어들었다. 물론 처음 접하는 분야에 있어서는 개론서와 요약서가 범위를 파악하는 데 큰 도움이 되겠지만, 언제까지고 개론과 요약에 사로잡혀 있으면 스스로 만든 감옥에 갇힌 것과 같다. 이해의 범주가 깊어질수록, 더 난도 높은 책을 선택하고, 진지하게 탐구해야 한다. 쉽게 읽을 수 있는 책을 피하고, 단 하나라도 내가 생각하지 못했던 주장이 담겨 있는 책을 선택하자. 그러면 자연스럽게 사고의 깊이가 더해지고, 자신을 발전시키는 데 큰 도움이 될 것이다. 독서를 통해 얻은 지혜가 단순한 지식의 축적이 아닌, 실제 삶의 변화로 이어질 수 있도록 노력해야 한다.

"개론서만 읽는 사람은 끝내 무엇도 자기 것으로 만들지 못한다"
- 강유원

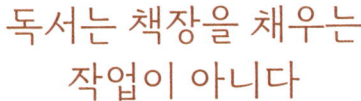

독서는 책장을 채우는
작업이 아니다

두 번째 챕터에서 독서 이야기만 하고 있는데도 모자랄 정도로 독서의 중요성은 크다. 100년 가까운 짧은 삶을 살면서 우리가 경험할 수 있는 건 한정적이다. 책을 통해 직·간접적으로 경험하며 숨겨진 수많은 비밀을 탐구할 수 있다. 그렇기에 젊은 층에서 더 많은 책을 읽어, 세상에 뛰어들어 경험할 실수를 줄일 수 있다는 크나큰 장점이 있다.

독서는 단순한 취미가 아니다. 이를 반증하듯, 인류 역사 속에서 많은 위인이 독서의 중요성에 대해 깊은 통찰을 남겼다. '인류 최고의 철학자' 아리스토텔레스는 "독서는 마음의 양식이다"라고 말하며, 독서가 지혜와 사고력을 키우는 데 얼마나 중요한지를 강조했다. '인도의 영웅' 마하트마 간디도 "책은 나의 친구다. 친구와의 대화는 나를 성장시킨다"라고 말하며 독서가 개인의 성장에 미치는 영향을 설명했다. '위대한 과학자' 알베르트 아인슈타인마저 "지식은 경험으로부터 온다. 그러나 독서는 경험을 더 깊게 이해하게 해 준다"라고 하며, 독서가 경험을 풍부하게 만든다고 밝혔다. 이처럼 위대한 인물들이 강조한 것처럼, 독서는 우리의 사고를 확장하고, 깊이를 더해준다.

그런데 최근 MZ세대에게서 '독서 배틀'이 열리고 있다. 마치 '누가 더 책을 많이, 더 어려운 책을 읽었는지' 싸움이 열린 듯하다. SNS에는 본인이 매일 하루에 한 권을 읽는다며, 본인처럼 책을 읽지 않는 사람을 무한정 깎아내리며 자신을 치켜세운다. 이보다 더한 사람은 본인이 하루에 최소 2시간씩 책을 읽는데, 일주일에 최소 책 3권을 읽지 않는 사람과 말도 섞지 않는다고 한다. 그럴 수 있다. 책을 읽지 않는 사람과 대화하길 꺼릴 수 있다. 독서하지 않으면 한 분야의 편협한 시각을 가질 수 있다. 그렇기에 시간이 아까운 대화를 하기 싫은 것일 수 있다. 그러나 자신은 책을 사랑하는 '우월한 계급의 애독가'로 높이고, 책을 읽지 않는 이들을 '우매한 계급의 평민'으로 계급 차별하는 건 무척 잘못됐다.

책은 몇 권 읽는지가 중요하지 않다. 몇 시간 동안 얼마나 읽는지도 중요하지 않다. 나도 수많은 책을 읽었지만, 읽었는지 모를 정도로 기억에 안 남는 책이 있다. 내용이 하나도 기억나지 않는 책을 과연 읽었다고 할 수 있을까? 더불어 책을 몇 시간 읽었다는 건 정말 부질없는 행동이다. 어떤 책은 완독하는 데 10시간이 걸리고, 또 다른 책은 완독하는 데 1시간이 걸린다. 이미 잘 아는 내용의 요약서는 훌훌 넘기며 읽고, 자주 마주하지 않은 분야의 책은 문장을 곱씹어야만 이해가 되니 말이다. 그럼에도 불구하고, 현대사회의 많은 '자칭 애독가'들은 SNS에서 자신이 얼마나 많은 책을 읽었는지를 자랑한다. 독서의 목적은 내가 성장하고, 궁금증을 채우는 데 있어야 한다. 그러나 이들은 단지 읽는 행위 자체에 초점을 맞추고, 숫자와 양을 강조한다. 이렇게 되면 독서의 본질이 무너진다. 독서를 통해 얻어야 할 지혜와 통찰은 사라지고, 그저 읽었다는 사실만 남는다.

　독서는 단순히 많은 양을 읽는 것이 아니다. 중요한 것은 '읽은 내용을 통해 무엇을 느끼고, 어떻게 성장했는가'이다. 책을 읽으며 얻은 지식과 통찰을 실제 생활에 적용하는 것이 진정한 독서의 의미다. 자신이 읽은 책의 내용을 깊이 이해하고, 이를 바탕으로 자신의 사고를 발전시키는 것이 중요하다. 따라서 독서를 시간이나 양으로 계산하는 것은 피해야 한다. 독서의 목표는 숫자에 있지 않다. 진정한 목적은 내면의 성장을 이루고, 깊이 있는 사고를 확립하는 것이다. 독서는 나를 변화시키기 위한 도구이자, 나의 성장을 돕는 길잡이여야 한다. 우리가 독서의 본질을 잊지 않고, 그 목적을 명확히 한다면, 비로소 독서는 삶의 큰 전환점을 만들어 줄 것이다.

* 이제 더는 "책을 몇 권이나 읽어보셨어요?"라는 질문을 금하자. 책을 수만 권 읽었다고 지혜로울까? 책을 만 권 읽은 사람보다, 100권 읽은 사람이 더 지혜로울 수 있다. 책을 딱 한 권만 읽은 사람도 무섭지만, 책 많이 읽었다고 자랑하는 사람도 무섭다. 차라리 "이 책 읽어보셨어요? 어떠셨어요?"라는 질문이 훨씬 더 도움 될 것이다.

당신의 독서법,
과연 괜찮은가요?

　이번 목차에서 지금까지 독서를 대하는 마음가짐에 대해서 이야기했다. 단순히 읽는 행위에서 벗어나 탐구하고 고민해야 한다고 강조했다. 이번 챕터에서는 잘 갖춰진 마음가짐에 속도를 높이기 위한 '독서법'을 설명하고자 한다.

　이 세상 모든 걸 맞고, 틀림으로 나눌 수 없다. 그러나 내게 맞는 방법을 적용할 수는 있다. 밥을 더 잘 먹기 위해 젓가락질을 배우고, 컴퓨터에 자료를 입력하기 위해 타자 치는 방법을 배운다. 이처럼 독서를 더 잘하기 위한 독서법을 배우는 게 이상하진 않을 것이다. 독서법이라 하면 똑같이 읽어도 더 잘 읽히고, 와닿게끔 하는 방법을 탐구하는 것이다. 젓가락질과 타자는 대표되는 방법이 있다. 그러나 독서법은 공부법처럼 저마다 다른 장점과 단점을 지니고 있다. 독자가 어떤 스타일인지 알 수 없기에 8가지 독서법을 소개하며, 구체적인 방법과 적용했을 때의 장점 및 단점을 정리해 보겠다.

첫 번째 독서법은 '스키밍(Skimming)'이다. 스키밍은 전체적인 내용을 파악하기 위해 제목, 목차, 첫 문단, 마지막 문단 등을 빠르게 읽는 방식이다. 장점은 시간을 절약하면서도 중요한 정보를 빠르게 얻을 수 있다는 점이다. 긴 글의 핵심을 파악하는 데 유용하지만, 깊이 있는 이해가 부족할 수 있으며 세부 사항을 놓칠 위험이 있다. 나는 '이 책을 꼭 읽고야 말겠어'라는 다짐이 있지 않은 이상, 일회독은 무조건 스키밍 기법으로 읽는다. 세상에 나온 수많은 책 중 무엇이 내게 필요한 정보를 줄지 모르기 때문에 훑어 읽는다. 다만 앞서 설명한 것처럼 스키밍 기법으로만 읽는다면, 정보는 금세 휘발되기 십상이다.

두 번째 방법은 '스캐닝(Scanning)'이다. 특정 정보를 찾기 위해 텍스트를 빠르게 훑어보는 방법으로, 특정 단어나 숫자를 찾는 데 집중한다. 장점은 필요한 정보만을 빠르게 찾아낼 수 있어 효율적이라는 점이다. 그러나 전체적인 맥락을 이해하지 못할 수 있으며, 문맥을 놓칠 수 있는 단점이 있다. 특정 과제를 준비할 때 주로 사용하는 방법이다. 강의를 준비해야 하는데 급하게 자료를 찾아야 할 때 혹은 내가 당장 필요한 정보가 극히 일부일 때 사용한다.

또 다른 독서법으로는 '깊이 읽기(Deep Reading)'가 있다. 어떻게 보면 당연한 독서법이라고 생각되지만, 모든 책을 깊이 읽으면 독서에 흥미를 잃기 쉽다. 텍스트를 천천히 읽고 내용을 깊이 이해하며 비판적으로 사고하는 방법의 장점으로 복잡한 개념을 잘 이해하고 저자의 의도를 파악할 수 있다는 것이지만, 시간 소요가 크고 단순한 정보 습득에는 적합하지 않다는 단점이 크게 느껴진다.

네 번째 방법으로는 '반독서(Reading in Parts)'를 안내하고 싶다. 책을 여러 부분으로 나눠 읽고, 각 부분을 읽고 나서 요약하는 방식이다. 반독서 기법은 내용을 더 잘 기억할 수 있으며 각 부분에 대해 깊이 있는 이해가 가능하지만, 페이지가 길게 넘어갈수록 읽는 데 시간이 길어지고 전체적인 흐름을 놓칠 수 있다는 단점이 있다. 개인적으로 반독서 기법이 독서의 호흡을 유지하기 힘들어, 나와 맞지 않았다.

최근 많은 분이 적용하는 독서법은 '오디오북(Audiobook)'이다. 책을 읽는 대신 듣는 방식으로 이동 중이나 다른 작업을 하면서 활용할 수 있는 방법이다. 장점은 멀티태스킹이 가능하고 눈의 피로를 줄일 수 있다는 점이다. 그러나 나의 경우에 집중력이 떨어지고, 텍스트의 세부적인 내용을 놓치는 경우가 많아져서 활용하지 않고 있다.

여섯 번째로는 우리 선조들이 사서삼경을 외울 때 활용하던 '구술 독서법(Oral Reading)'이다. 소리 내어 읽는 방식으로 혼자서 또는 함께 읽는 경우가 있다. 장점은 발음과 억양을 연습하며 읽는 내용을 더 잘 기억할 수 있다는 것이다. 다만 상대방과의 소통도 가능하지만 시간 소모가 크고 혼자 읽을 때는 집중력이 떨어질 수 있다는 단점이 있다. 또, 최근에 '독서 모임(Book Club)'을 만들어 독서하는 분이 늘고 있다. 여러 사람이 모여 같은 책을 읽고 그에 대해 토론하는 방식이다. 장점은 다양한 관점을 접할 수 있고 독서에 대한 동기부여가 된다는 점이다. 사회적 상호작용도 증진되지만, 그룹의 분위기에 따라 독서의 질이 달라질 수 있으며 개인의 의견이 소외될 위험이 있다.

마지막으로 '주제별 독서법(Subject-Based Reading)'은 특정 주제를 정하고 그 주제에 관련된 여러 책을 읽는 방식이다. 주제별 독서법은 특정 분야에 대한 깊은 이해를 도모할 수 있고 폭넓은 지식을 쌓을 수 있다. 그러나 너무 특정한 분야에 치우칠 수 있고 다른 분야에 대한 지식이 부족해질 수 있다는 단점이 있다.

독서법마다 뚜렷한 장단점을 지니고 있으므로 자신의 목적에 맞는 독서법을 선택하는 것이 중요하다. 독서는 단순한 정보 습득을 넘어 개인의 성장과 발전을 위한 필수적인 과정이다. 자신에게 맞는 독서법을 찾아 실천하다 보면 독서의 즐거움과 가치를 더욱 깊이 느낄 수 있을 것이다.

"책을 읽는 방식이 바뀌면, 인생을 보는 방식도 바뀐다"
― 마쓰오카 세이고

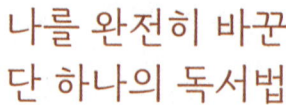

나를 완전히 바꾼
단 하나의 독서법

올바른 독서법을 찾기 위해 꾸준히 노력했다. 내게 맞는 방법을 찾고, 잘 맞더라도 다른 방법을 이리저리 시도했다. 그렇게 찾은 독서법이 스키밍 - 깊이 읽기 독서법이다. 관심 있는 분야가 생기면 스키밍 독서법을 통해 책을 빠르게 훑어보는 습관을 들였다. 책의 전반적인 내용과 핵심 주제를 빠르게 파악한 뒤, 흥미를 느끼게 되면 그때 깊이 읽기 독서법을 활용해 내용을 더 깊이 이해했다. 이렇게 독서의 과정이 단계적으로 이루어지면서, 나의 사고와 지식이 확장되었다. 또한, 나는 분야를 가리지 않고 다양한 책을 읽으려고 노력했다. 잘 아는 분야의 책은 스키밍 독서법을 통해 내용을 가볍게 읽는다. 잘 모르는 부분만 깊이 읽기 방법을 사용하고, 전체적으로 이미 아는 내용이면 스키밍 독서법만으로 끝낸다.

앞서 독서법에 대해 설명할 때, 우리나라에서는 깊이 읽기 독서법을 사용하는 분이 많지만 깊이 읽기 독서법은 흥미를 잃기 쉽다고도 했다. 관심 없는 분야를 억지로 처음부터 끝까지 읽으려고 하니 그야말로 벌을 받는 것만 같다. 그래서 난 독서에 흥미 없는 이들에게 꼭 말한다. 책을 꼭 완독할 필요는 없다고 말이다. 내가 선택한 책을 억지로 완독할 필요 없다. 내가 이 책을 고른 이유만 잘 파악하면 된다. 내 목적이 이 책 전반에 걸쳐 골고루 포진해있는지, 내가 관심 있어 하는 부분이 한 포인트에 집중되어 있는지에 따라도 다르다. 책이 나와 맞지 않으면 굳이 억지로 읽을 필요가 없다는 말이다.

책이 나와 맞지 않는 이유는 정말 다양하다. 문체가 잘 와닿지 않거나, 내용이 너무 어려워서 아직 이해하기 힘든 경우도 있다. 또한, 현재의 나에게 크게 흥미가 없는 주제일 수도 있다. 이런 경우에는 읽다 말다 하는 상황이 발생하게 된다. 독서는 꾸준한 경험을 통해 완성되며, 즐거운 활동이어야 지속할 수 있다. 부담감이나 강박관념은 피해야 한다. 난 그래서 책 한 권에 대한 부담감을 떨치기 위해 서점에서 책을 잘 사지 않는다. 돈을 주고 책을 사면 아까워서라도 이 책을 끝까지 읽어야 할 것만 같다. 도서관에서 책을 빌리면 언제든 반납하고 또다른 책을 다시 빌릴 수 있다. 게다가 도서관에는 웬만한 큰 서점보다 더 다양한 책이 나를 기다리고 있다. 그래서 책을 좋아한다면 웬만해서 도서관을 자주 방문할 것을 추천한다.

나를 성장시킨 독서법은 스키밍과 깊이 읽기를 적절히 활용하여 흥미를 유지하는 것이었다. 한 분야가 질리면 또 다른 분야로 향하고, 이 책이 질리면 새로운 책에 도전할 수 있는 마음가짐을 유지하면 독서에 대한 부담은 소화제를 먹은 것처럼 시원하게 내려간다. 독서에 강박이 있는 분들은 부디 자신만의 독서법을 찾아, 알맞게 활용하길 바란다.

* 독서법이 중요하지만, 이제 막 책에 재미를 붙인 분들에게는 해당되지 않는 이야기다. 재미를 느낄 땐 그 어떤 방법도 중요하지 않다. 당신만의 호흡으로, 당신만의 방법으로 읽다가 그 패턴이 무너질 때 독서법을 고민하고 찾으면 될 것이다.

책을 덮지 마세요,
움직이세요!

책을 읽는 데 집중하는 사람은 많지만, 정작 읽은 내용을 오래 기억하지 못하는 경우가 허다하다. 독서 후 내 무의식에는 책의 내용이 저장되지만, 그것을 진짜 '내 것'으로 만들려면 머릿속에 각인하는 연습이 필요하다. 기억이란 참으로 신기한 존재인데, 시간의 흐름에 따라 그 유지율이 급격히 떨어진다. 실제로 심리학자 헤르만 에빙하우스가 제시한 '망각 곡선'을 보면, 사람이 어떤 정보를 처음 접한 후 1시간이 지나면 약 50%가 잊히고, 하루가 지나면 70% 이상이 사라진다. 3일 후에는 80% 이상, 일주일 후에는 90% 가까운 정보가 기억에서 사라진다고 한다. 즉, 우리가 첫 독서 이후 아무런 복습이나 연습 없이 그냥 두면, 읽은 대부분의 내용은 머릿속에서 빠르게 사라진다.

그렇다면 어떻게 하면 읽은 내용을 오래 기억할 수 있을까? 전통적인 '암기법'과 '자연스레 익히는 독서 기억법'을 비교해보자.

암기법은 의도적으로 반복하고, 외우고, 시험에 대비하는 방식이다. 단기간에 많은 정보를 머리에 넣을 수 있지만, 흥미를 잃기 쉽고 지루하다. 게다가 암기한 내용이 실제로 삶이나 생각에 깊이 스며들지 못하는 경우가 많다. 반면 자연스레 익히는 독서 기억법은 책을 읽으며 자신의 생각과 연결하고, 감정을 느끼고, 궁금증을 품으며 호기심을 유지하는 방식이다. 이 방법은 기억을 단순한 암기가 아닌 경험과 체험으로 만들기 때문에, 훨씬 오래 남고 깊다.

흥미를 잃지 않으면서 독서 내용을 최대한 기억하는 방법은 '능동적 독서'다. 단순히 눈으로 글자를 쫓기보다, 질문을 던지고, 책의 내용을 자신의 삶과 연결해보고, 중요한 문장이나 구절을 밑줄 치거나 메모하는 것이다. 또한, 마음속으로 '왜 저자가 이런 말을 했을까?' '내 생각과 어떻게 다른가?'를 계속 고민하는 과정이 기억을 강화한다. 이때 '공부'와 '독서'는 확실히 구별된다. 공부는 시험을 위한 암기라면, 독서는 삶의 지혜를 얻기 위한 대화이자 탐험이다. 목적이 다르니 접근법도 달라야 한다.

그렇다면 독서 후 기억법으로 가장 효과적이면서도 흥미를 잃지 않는 방법은 무엇일까? 바로 '독서 후 글쓰기'다. 글쓰기는 단순히 읽은 내용을 요약하는 것을 넘어, 자신의 생각을 정리하고,

느낀 점을 표현하며, 타인과 소통하는 과정이다. 이 과정에서 책의 내용은 머릿속에서 단단히 자리 잡고, 새로운 아이디어와 연결된다. 글쓰기는 독서의 즐거움을 배가시키며, 기억의 탄탄한 기반이 된다. 마치 좋은 와인을 마신 뒤 그 맛을 글로 기록하며 다시 음미하는 것과 같다.

결국 '책을 읽고 기억하는 것'은 단순한 정보 저장이 아니라, '내 삶의 일부로 만드는 일'이다. 하루가 지나도, 일주일이 지나도, 그 책의 메시지가 내 생각과 행동에 영향을 미치도록 하려면, 능동적으로 읽고, 생각하고, 쓰는 습관을 길러야 한다. 그러니 독서 후 글쓰기는 흥미를 유지하면서 기억을 극대화하는 최고의 독서 후 기억법임을 자신 있게 말할 수 있다. 당신도 오늘부터 자신에게 어울리는 독서법을 실천해보길 권한다. 책이 내 안에서 살아 숨 쉬는 경험, 그것이 진정한 독서의 즐거움이다.

> "아는 것만으로는 충분하지 않다. 실천해야 한다"
> – 요한 볼프강 폰 괴테

읽은 책이
나의 말과 행동이 되려면

독서는 단순히 정보를 얻는 활동이 아니다. 독서는 깊이 있는 사고와 감정을 동반하는 몰입의 과정이다. 나는 몰입을 통해 독서 후 기억과 사고의 확장을 더욱 강화하고자 한다. 그렇기에 독서 중에는 웬만해서 밑줄을 긋지 않고 메모도 하지 않는다. 책을 읽다 펜을 들고 이런저런 메모를 하는 행위는 독서의 몰입이 깨진다. 몰입은 집중해서 어떤 활동에 전념하는 상태로, 독서의 본질을 살리는 데 매우 중요하다.

인류사에 대단한 업적을 남긴 위인들은 몰입의 중요성에 대해 여러 가지 통찰을 남겼다. 알베르트 아인슈타인은 "몰입은 모든 위대한 창의성의 원천이다"라고 말했다. '혁신의 아이콘' 스티브 잡스는 "일에 몰입하지 않으면 진짜 사랑할 수 없다"라고 강조했다. '위대한 심리학자' 미하이 칙센트미하이도 "몰입은 행복의 열쇠다"라고 했다. '자동차의 아버지' 헨리 포드마저 "성공은 준비와 기회의 만남에서 온다. 이 기회를 잡기 위해 몰입하라"고 조언했다. 위인들이 몰입을 이렇게나 강조한 이유는 여러 면에서 매우 유익하기 때문이다. 먼저, 몰입은 집중력을 극대화하여 독서의 효율성을 높인다. 깊이 있는 사고와 감정이 결합된 상태에서 독서를 하면, 단순한 정보 습득을 넘어 책의 주제와 저자의 의도를 깊이 이해할 수 있다. 독자는 이를 통해 독서 경험이 풍부해지고, 내용을 더 잘 기억하게 된다.

몰입은 스트레스를 줄이고 마음의 평화도 가져다준다. 독서 중 몰입 상태에 들어가면, 일상에서의 걱정이나 스트레스에서 벗어나 책 속의 세계에 집중하게 된다. 몰입을 통해 한 가지 활동에 온전히 집중하다 보면, 자연스럽게 마음이 편안해지고, 긍정적인 감정을 느끼게 된다. 또한, 몰입은 창의성 향상에도 기여한다. 깊이 있는 독서는 새로운 아이디어와 관점을 제공하며, 사고의 폭을 넓히는 데 도움을 준다. 몰입 상태에서 다양한 개념을 연결하고 새로운 통찰을 얻는 경험은 창의적 사고를 촉진한다. 독서를 통해 얻은 지식이 일상생활이나 직업적 상황에서 혁신적인 해결책으로 이어질 수 있다. 몰입은 독서의 즐거움까지 배가시킨다. 책 속의 세계에 빠져드는 경험은 독서를 단순한 정보 습득이 아닌, 흥미롭고 즐거운 활동으로 만들어 준다.

가장 중요하다고 할 수 있는 독서의 의무감이나 부담에서 벗어나, 스스로 원하는 즐거운 활동으로 자리 잡게 된다.

그렇다면 어떻게 독서에 몰입할 수 있을까? 난 스키밍 기법으로 훑어 읽고, 두 번째로 깊이 읽기 독서법으로 통찰에 빠진다. 필요에 따라 이 책을 정리하고 싶으면, 다시 한번 훑어 읽으면서 필요한 내용을 노트에 마무리한다. 이렇게 하면 각 챕터에 따라 인상 깊었던 포인트, 느낀 감정 혹은 생각을 적어놓을 수 있다. 만약 다시 훑어 읽었을 때 내용이 잘 기억나지 않으면, 그 책을 읽지 않은 것과 같다. 이렇게 좋아하는 책은 총 3번 이상 읽는다. 나처럼 독서하면 한 권을 온전히 나의 것으로 만들 수 있다. 독서 후의 정리는 단순한 메모가 아니라, 내 생각과 감정을 책과 연결하는 중요한 과정이다. 아직 본인만의 뚜렷한 방법을 찾지 못했다면, 내 방법을 이용해보는 것을 추천한다.

* 독서에 몰입하고 나서 깨어질 때 느끼는 짜릿함을 경험해 본 적이 있는가? 책을 막 집어든 뒤, 3시간 정도 흘렀을 때 어느덧 뉘엿뉘엿 넘어가는 태양을 마주하면 '물아일체'를 경험하게 된다. 몰입을 경험하라. 그 경험은 당신의 삶의 자세를 바꿀 것이다.

쉬어가는 코너

독자로서 기자로서 ❷

혼자 읽는 시대는 끝났다, 함께 쓰고 나누는 독서

최 기자의 쓰는 독서 모집 포스터

혼자 글을 쓰다 보면 어느 순간 갇힌다. 기자로서 수많은 글을 써왔지만, 내가 이전부터 운영하던 블로그는 어느새 방치 상태가 됐다. 다시 블로그를 키울 자신도 없고, 그냥 혼자 읽고 끝내는 독서에 머무르기보다는 '쓰는 독서'를 해보면 어떨까 하는 생각이 들었다. 읽고 나서 글로 남기고, 그것도 혼자가 아니라 여러 사람이 함께 읽고 느낀 점을 나누는 모임을 만들면 더욱 의미 있지 않을까 싶었다.

　그래서 '쓰는 독서' 모임을 시작했다. 보통 독서 모임은 책을 읽고 이야기하는 데 그친다. 가끔 글을 쓰더라도 그것이 중심이 되는 경우는 드물다. 하지만 책을 읽고 글로 표현하지 않으면, 그 내용이 내 안에 체화되기 어렵다. 글쓰기는 단순한 기록이 아니라, 생각을 정리하고 내면화하는 과정이다. 그래서 처음 글쓰기를 경험하는 분들을 위해 모임 끝에는 글쓰기 특강도 진행했다. 모임 모집은 생각보다 수월했다. 온라인으로 일주일에 한 번, 총 4회 모임을 진행하며 참가비를 만 원 받았다. 물론 모임을 모두 참석하면 돌려주는 '보증금' 개념이다. 책은 내가 선정했다. 이유는 단순하다. 뻔하고 쉽게 읽는 책만 계속 읽으면 독서 모임을 하는 의미가 없기 때문이다. 도전할 만한, 깊이 있는 책을 함께 읽고 싶었다. 모임원은 주로 40~60대 여성이었는데,

블로그 주 이용층과 맞아떨어졌다. 우리가 함께 읽은 책은 유시민의 『글쓰기 특강』, 플라톤의 『국가』, 『도덕경』, 『길가메시 서사시』였다. 내가 주변 지인들에게도 추천하는 책들이다. 이 책들은 쉽지 않지만, 인생과 사회, 인간 본질에 대해 깊이 생각하게 한다.

처음 모임원들은 난색을 표했다. "저희는 이렇게 어려운 책 못 읽어요", "쉬운 책 읽으면 안 되나요?"라는 반응이었다. 나는 단호히 말했다. "그럴 거면 왜 모임을 만들고 책을 읽나요? 모임이 아니면 이런 어려운 책을 읽을 기회조차 없을 겁니다." 처음에는 거부감이 컸지만, 막상 읽기 시작한 사람들은 잘 해냈다. 13명 중 7~8명은 매주 빠짐없이 책을 읽고 독후감을 올렸다. 무엇보다 놀라웠던 건, 그들의 독후감이 단순히 줄거리 요약이 아니라 자신만의 생각과 솔직한 느낌을 담고 있었다는 점이다. "도덕경이나 플라톤의 책이 너무 어렵다고 생각했는데, 우리 삶과 밀접하게 연결되어 있어 공감하며 읽었다"는 후기엔 내 가슴이 뿌듯해졌다.

'쓰는 독서' 모임은 4주간 무사히 마무리됐다. 1기의 인기가 좋아 2기도 계획했지만, 당시 여러 사정으로 재개하지 못했다. 그럼에도 독서 후 글쓰기가 어색했던 분들이 한 걸음 내딛고 성장하는 모습을 지켜본 경험은 매우 소중했다. 독서는 단순한 정보 습득이 아니라, 생각을 키우고 삶을 풍요롭게 만드는 과정이다.

이 글을 읽는 여러분도 할 수 있다. 글을 잘 쓰지 못해도, 긴 글을 쓰지 않아도 괜찮다. 중요한 건 책을 읽고 자신만의 생각을 표현하는 것이다. '쓰는 독서'는 그 출발점이며, 당신의 생각과 느낌을 세상과 나누는 기쁨을 선사한다. 나도 그렇게 할 것이다. 그리고 당신도 할 수 있다. 책 읽기는 단순한 정보 습득이 아니다. 넘쳐나는 정보 속에서 책은 깊이 있는 사고를 가능케 한다. 인터넷에서 몇 줄 읽고 끝내는 정보와 달리, 책은 긴 호흡으로 생각을 확장시키며 비판적 시각을 키운다. 특히 '쓰기'는 그 생각을 내 것으로 만드는 필수 과정이다. 기자로서 나는 매일 수많은 글을 읽고 쓴다. 그러나 단순히 읽고 기사를 쓰는 것과 '생각하며 글을 쓰는 것'은 다르다. 독서 후 글쓰기는 지식을 내면화하고, 나만의 시각을 세우는 힘을 준다. 이는 좋은 기사뿐 아니라 삶을 풍요롭게 하는 지혜의 원천이다.

서점에서 각자 다른 책을 고르고, 난색을 표하다가도 결국 책을 읽고 자신의 생각을 나누는 '못난이들' 친구들처럼, 우리 모두는 처음에는 어렵고 낯설 수 있다. 하지만 관심 있는 주제를 찾아 읽고, 그것을 글로 써보는 경험은 생각보다 큰 변화를 불러온다. 그것이 바로 '책을 읽는 이유'이며, '쓰는 독서'가 필요한 이유다. 책을 읽고 글로 표현하는 과정은 단순한 학습을 넘어 삶의 변화를 가져온다. 내가 경험한 '쓰는 독서' 모임은 참여자들이 자신을 돌아보고, 생각을 정리하며, 타인의 생각과 부딪히는 장이었다. 이 과정에서 각자의 삶에 새로운 시각이 생기고, 더 깊은 이해가 가능해졌다. 책과 글쓰기는 고립된 행위가 아니다. 사람들과 함께 읽고 쓰며 생각을 나누는 '공동체적 경험'이다. 서로 다른 삶의 이야기가 모여 더 풍성한 지혜를 만들어낸다. 이 과정이 바로 '쓰는 독서'의 매력이며, 우리 모두가 누려야 할 기회다.

책 읽기는 혼자서도 할 수 있지만, 쓰고 나누는 과정에서 비로소 완성된다. '쓰는 독서'는 우리에게 생각의 깊이와 넓이를 선사하며, 삶을 더 풍요롭고 의미 있게 만든다. 기자로서 나는 이 과정을 통해 나 자신과 세상을 더 잘 이해하게 되었다. 그리고 이 글을 읽는 당신도 할 수 있다. 책에 담긴 생각을 받아들이고, 그 생각을 글로 표현하며, 다시 다른 사람들과 나누는 이 순환은 지식의 단순한 축적을 넘어 '삶의 지혜'를 만든다. 오늘도 나는 책을 읽고, 쓰고, 나눈다. 당신도 함께하길 바란다. 책은 우리 삶의 가장 든든한 친구이며, 글쓰기는 그 친구와 나누는 가장 진솔한 대화다.

* 무언가를 이루기 위해 '함께 하는' 것만큼 중요한 건 없다. 왜, 피트니스 운동도 하나보다 둘이어야 더 운동하러 나가지 않는가? 함께 읽고, 쓰고, 나누면 무한한 동기를 얻을 것이며, 상대와 나의 거리는 한없이 가까워질 것이다. 이야말로 1석 3조 아니겠는가!

읽는 건 쉽다.
왜냐?
눈으로 따라가기만 하면 되니까.

쓰는 건 어렵다.
왜냐?
손으로 따라가며, 머리로는 그리고, 입으로는 되뇌어야 하니까.

쉬운 건 정체되고
어려운 건 성장한다.
당신은 뭘 선택하겠는가?

③
당신이
읽고, 쓰고,
성장하는 법

읽기만 해도 될까?
써야 비로소 남는다

　우리는 망각의 동물이다. 아무리 열심히 책을 읽더라도 그 내용을 온전히 기억하기란 쉽지 않다. 특히, 읽은 내용을 잊어버리는 것은 독서의 본래 목적을 무색하게 만든다. 따라서 독서 후 글쓰기는 필수적이다. 글쓰기는 단순히 내가 읽은 내용을 나열하는 것이 아니라, 읽은 책을 한 번 더 곱씹고 내 입장에서 다시 정리하는 과정이다. 글을 쓰면서 복기하는 과정을 거치면 저자가 전달하고자 하는 메시지를 내 시각으로 재구성하고, 내 삶에 어떻게 적용될 수 있을지를 고민하게 된다.

　독서 후 글쓰기는 저자가 하는 이야기가 옳은지, 그른지를 판단하는 데 도움을 주기도 한다. 내가 읽은 내용을 통해 어떤 교훈을 얻었는지, 또는 그 내용을 내 입장에 맞게 어떻게 변형할 수 있을지를 탐구하는 과정은 나를 성장시키는 중요한 단계다. 이를 적극적으로 활용한 사람이 바로 버진그룹의 회장인 리처드 브랜슨이다. 성공학을 녹인 자서전으로 그는 다양한 주제의 책을 읽고, 그 내용을 자신의 경험과 연결하여 블로그나 저서에 정리하는 습관을 가지고 있다. 브랜슨은 책을 읽고 글을 씀으로 인해 창의적인 아이디어를 발전시키고, 비즈니스에서의 성공을 이끌어냈다. 그의 글쓰기는 단순한 독서의 연장선이 아니라, 자신만의 목소리를 내는 과정이었고, 이는 그를 세계적인 기업가로 성장시키는 데 기여했다.

이에 더해 독서 후 글쓰기와 약간 다른 결이지만, 김영하 작가는 한국 문학의 거장인 박경리 작가의 대표작 『토지』를 필사한 사실로 유명하다. 김영하 작가는 필사를 통해 문장 구성이나 서사 전개, 인물 묘사 같은 부분에서 많은 영감을 받았다고 다양한 콘텐츠에서 언급했다. 필사가 단순히 글을 복사하는 게 아니라, 저자의 의도와 문체를 깊이 이해하는 과정이란 점에서, 김영하 작가에게는 글쓰기의 기초를 다지는 중요한 경험이 되었던 것 같다. 거기다 독서를 통해 얻은 통찰이나 감정을 자신의 글에 잘 녹여내서 독자와의 소통을 강화하는 데 힘을 발휘했다. 책을 읽을 때마다 느낀 점이나 생각을 노트에 정리하고, 이를 바탕으로 자신의 이야기와 연결 짓는 과정을 거쳤다고 한다. 이런 방식 덕분에 그의 작품이 독창적이면서도 깊이 있는 이유

중 하나가 된 것 같다. 그렇게 김영하 작가는 토지를 필사함으로써 문학적 기초를 다졌고, 독서 후 글쓰기 비법을 통해 자신의 작품에 깊이와 독창성을 더하는 데 큰 기여를 했다고 한다. 그의 피나는 필사 과정이 결국 한국 문학의 중요한 작가로 자리매김하게 만든 원동력이 되었다고 본다.

리처드 브랜슨과 김영하 작가의 예시만 봐도, 독서 후 글쓰기를 통해 얻는 것은 단순한 정보의 재구성이 아니다. 내 생각과 감정을 정리하고, 읽은 내용을 내 삶에 어떻게 체화할지를 고민하는 시간이 된다. 내가 읽은 책의 메시지를 내 이야기로 변환하는 과정은 내 사고의 깊이를 더하고, 나를 더욱 성숙하게 만든다. 나는 이러한 글쓰기 과정을 꾸준히 이어 나갔다. 독서 후 글쓰기를 통해 단순히 책을 읽는 데 그치지 않고, 그 내용을 내 것으로 만드는 데 집중했다. 반복적인 노력을 통해 나는 기자가 되었고, 이후에는 언론사까지 운영하고 있다. 독서와 글쓰기를 통해 얻은 통찰과 지혜는 내 직업적 성장을 이끌어 주는 원동력이 되었다는 것이다. 그렇기에 독서 후 글쓰기는 나를 성장시키는 필수적인 과정이다. 읽은 내용을 체화하고, 나의 목소리를 담아내는 이 과정은 나를 더욱 깊이 있는 사람으로 만들었다. 독서와 글쓰기를 통해 얻은 지식과 통찰은 내 삶을 변화시키는 중요한 요소가 되었으며, 독자께서도 독서 후 글쓰기를 통해 성장하길 바란다.

"글을 쓸 때 우리는 비로소 읽은 것을 생각하게 되고,
생각은 그때부터 우리 것이 된다"
- 정혜신

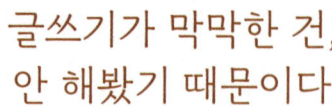

글쓰기가 막막한 건,
안 해봤기 때문이다

 책을 읽고 글을 쓴다는 것은 아무것도 없는 백지에 무작정 글을 쓰는 것과 전혀 다르다. 여기서 가장 큰 착각은 '책을 읽었으니 무조건 글을 써야 한다'거나 '떠오르는 모든 영감을 다 기록해야 한다'는 생각이다. 그러나 독서 후 글쓰기는 단순히 머릿속에 떠오르는 생각들을 쏟아내는 배설 행위가 아니다. 오히려 내가 읽은 책이라는 중심축을 바탕으로, 그 내용을 내 머릿속에서 재가공하고 재구성하는 지적 작업이다. 즉, 책이라는 든든한 토대 위에 내 생각과 세상을 얹어가는 과정이다. 책과 무관한 글을 쓴다면, 그것은 독서 후 글쓰기라고 할 수 없다. 하지만 그렇다고 책에 갇혀 '책 내용을 그대로 옮기는' 글쓰기도 아니다. 영감이 떠오르는 것은 무척 좋은 일이지만, 모든 생각을 무분별하게 기록하면 머릿속은 정보 쓰레기로 가득 차고, 글은 엉망진창이 된다. 좋은 글쓰기는 떠다니는 생각들을 체계적으로 정리하고, 핵심을 추려내며, 나만의 시각과 해석을 더하는 과정이다. 이 과정에서 독서의 내용은 단순한 정보가 아니라, 내 삶과 연결된 살아있는 지식이 된다.

또 한 가지 흔히 하는 실수는 '독서는 가볍게 하고, 글쓰기에만 올인하는' 것이다. 독서와 글쓰기의 중요도는 정확히 50:50이다. 독서를 대충 하면서 글쓰기에만 몰두하면, 결국 빈약한 내용으로 허우적대게 된다. 반대로 독서만 열심히 하고 글쓰기를 하지 않으면, 읽은 내용을 내 것으로 소화하지 못하고 휘발되어 버린다. 둘 중 어느 하나도 가벼워서는 안 된다. 독서와 글쓰기는 마치 두 바퀴가 맞물려 돌아가는 자전거와 같다. 어느 한쪽만 힘을 주면 자전거는 앞으로 나아가지 못한다. 책을 깊게 읽으며 사유하고, 그 생각을 글로 풀어내는 과정을 반복할 때, 비로소 독서가 내 삶의 일부가 되고, 글쓰기는 나를 표현하는 가장 강력한 도구가 된다.

그렇기에 독서 후 글쓰기는 '단순한 기록'이 아니라 '내면의 대화'다. 책과 나, 그리고 세상을 잇는 다리이며, 내 생각을 명확히 하고 깊이 있게 만드는 최선의 방법이다. 착각하지 말라. 독서 후 글쓰기는 무조건 '많이 쓰는 것'이 아니라 '잘 쓰는 것', 그리고 '책과 나의 관계를 충실히 반영하는 글쓰기'임을 명심해야 한다. 독서 후 글쓰기를 통해 당신은 단순히 책을 읽는 독자에서 벗어나, 생각을 만드는 창조적 작가가 된다. 이 과정에서 글쓰기는 독서의 진정한 완성이고, 책은 당신 글쓰기의 든든한 뿌리가 된다. 그러니 책과 글, 두 마리 토끼를 모두 잡는 균형 있는 독서 습관을 길러야 한다. 그때 비로소 당신의 독서와 글쓰기는 세상에 빛나는 가치를 선사할 것이다.

"글쓰기는 잘 쓰는 사람이 하는 게 아니라,
쓰는 사람이 잘하게 되는 것이다"
- 윌리엄 진서

책마다
왜 쓰는 방식이 달라질까?

　독서 후 글쓰기 방법의 정답은 없다. 가장 좋은 선택지는 책의 장르에 따라 적절한 글쓰기 방법을 선택하는 것이다. 다양한 글쓰기 방법이 있는 만큼, 내가 어떤 책을 읽느냐에 따라 그 방법을 조정해야 한다는 것이다. 예를 들어, 통계자료를 바탕으로 작성한 책에 감정을 담는 것은 쉽지 않다. 반면에 소설 등 문학 작품은 내용만을 정리한 글이 큰 도움으로 이어지지 않을 것이다. 그래서 목적에 맞는 독서를 하듯, 책에 맞는 목적의 글쓰기를 해야 한다.

　인문학의 경우, 나는 주로 단순 내용 정리와 내 입장에서 다시 쓰기 방법을 택한다. 인문학은 내용이 방대하고 알아두면 좋은 정보가 많기 때문에, 내용을 쉽게 다시 꺼내 읽을 수 있도록 정리하는 것이 중요하다. 특히 인문학에서 가장 중요한 것은 저자의 주장과 생각을 의심해보며, 내 입장에서 다시 쓰는 것이다. 예를 들어, 책의 내용을 누군가에게 설명한다고 생각하며 강의 준비를 해보는 것도 좋은 방법이다. 다시 쓰는 과정에서 비판적인 시각을 가지게 되면, 책을 보다 깊이 이해하게 된다. 만약 독자께서 읽은 책을 강의할 수 있을 정도로 의심하고 비판할 수 있다면, 이미 그 책을 본인의 것으로 만들었다는 강력한 신호다. 다시 쓰는 과정은 단순히 책의 내용을 이해하는 것을 넘어, 나의 사고를 확장하고 깊이 있는 분석 능력을 기르는 데 그만큼 도움을 준다.

문학의 경우엔 당연히 감상평이 주가 되어야 한다. 간단한 내용 정리는 괜찮지만, 단순 내용 정리로 가득 찬 글쓰기라면 이미 세상에 나온 정리글과 다를 게 없다. 물론 요약하는 능력을 키울 수는 있겠지만, 문학 장르에서는 내 감상평이 주가 되고, 그 감상평에서 나온 내용을 뒷받침하는 방법으로 글을 구성해야 한다. 문학은 결국 느끼라고 있는 것이니까 말이다. 문학 작품은 저자가 전달하고자 하는 감정이나 메시지를 느끼고 해석하는 데 중점을 두어야 한다. 내가 읽은 소설이나 시에 대해 느낀 점, 그로 인해 어떤 생각이 떠올랐는지를 정리하는 것이 중요하다. 이를 통해 독서는 단순한 정보 습득이 아니라, 나의 감정과 연결되는 경험이 될 수 있다.

이처럼 크게 두 부류로 나눠 볼 수 있지만, 각 분야를 자세히 파고들수록 독자께서 지닌 독서와 글쓰기 능력에 따라 구체적인 방법은 변경될 수 있다. 예를 들어, 기본적인 독서와 글쓰기 능력이 갖춰져 있다면, 문학을 요약해보는 시도를 할 수 있고, 인문학에 감상평을 더할 수도 있다. 그러므로 기초적인 능력을 먼저 키우는 것이 중요하다. 독서 후 글쓰기의 목적은 단순히 정보를 정리하는 것이 아니라, 읽은 내용을 내 것으로 만드는 과정이다. 이 과정에서 나는 저자의 메시지를 이해하고, 내 생각을 더하며, 나만의 목소리를 찾는 기회를 갖게 된다. 독서 후 글쓰기를 통해 내 사고의 폭을 넓히고, 글쓰기 능력을 발전시켜 나가자. 이는 결국 자신을 성장시키는 중요한 발판이 될 것이다.

결론적으로, 읽는 책에 따라 적절한 글쓰기 방법을 택하는 것은 독서의 효과를 극대화하는 데 필수적이다. 인문학과 문학의 특성을 이해하고, 그에 맞는 글쓰기 방법을 적용함으로써, 독서는 단순한 정보 습득이 아니라 깊이 있는 사고와 감정의 결합으로 이어질 수 있다. 독서 후 글쓰기를 통해 나의 생각과 감정을 정리하며, 스스로를 성장시키는 경험을 쌓아가길 바란다.

* 읽는 책에 따른 글쓰기의 차이는, 영어와 수학 공부의 차이와 비슷하다. 영단어를 외우는데 단어의 기원을 분석하며 공부하는 건 효율적이지 못

하고, 수학 문제를 푸는데 단순 암기하는 건 머릿속에 입력되지 않는다. 같은 시간에 다른 행위를 함에 있어 결과가 달라지는 건, 그야말로 '효율의 차이'다. 이번 챕터에서는 효율을 높이기 위한 설명을 한 것이다.

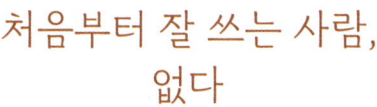

처음부터 잘 쓰는 사람, 없다

책을 읽고 나면 다양한 생각과 감정이 떠오른다. 하지만 시간이 지나면서 망각에 의해 쉽게 휘발된다. 그래서 독서 후에 반드시 생각과 감정을 기록해두는 것이 좋다. 독서 후 글쓰기는 크게 세 가지로 분류할 수 있다. 첫 번째는 단순 내용 정리다. 책의 목차와 챕터별로 내용을 정리하면서 중요한 포인트를 강조하고 요약하는 방법이다. 이렇게 정리해 두면, 나중에 다시 책의 내용을 꺼내보기가 한결 수월해진다. 또한, 단순한 내용 정리를 자주 하다 보면 글의 맥락을 빠르게 파악하는 연습이 되고, 요약 능력도 크게 향상된다. 특히 많은 양의 정보를 정리해야 하는 직장인이나 학생들에게 유용한 방법이다.

두 번째는 감상평 정리다. 쉽게 말해 독후감이라고 할 수 있는데, 이 방법은 내가 읽은 책에 대해 느낀 감정과 생각을 중심으로 작성하는 것이다. 꼭 목차나 챕터마다 정리할 필요는 없고, 내가 많은 생각이 든 부분에 집중해서 감상평을 작성하면 된다. 감상평을 쓰는 것은 단순 내용 정리보다 훨씬 더 자유로운 글쓰기 방식이기 때문에, 글쓰기에 익숙하지 않은 분들에게 추천하는 방법이다. 감정과 생각을 솔직하게 표현하는 과정에서 개인의 목소리를 찾을 수 있다.

세 번째는 내 입장에서 다시 쓰기다. 이 방법은 저자의 주장을 재해석하고, 내가 어떻게 적용할 것인지에 대해 생각해보는 과정이다. 정치, 사회, 경제 등 다양한 주제에 대한 저자의 주장을 내 입장에서 맞다고 보는지, 그르다고 보는지를 포함해 새롭게 정리해보는 것이다. 책에 적힌 주장이라고 해서 모든 주장이 옳은 것은 아니다. 실물경제에서 현실을 사는 우리가 보는 세상이 더 와 닿을 때도 많다. 그렇게 여러분의 시선으로 책을 재해석하면, 진정으로 독서 후 체화했다고 할 수 있다.

이 세 가지 방법은 내가 주로 사용하는 글쓰기로, 각각의 장점을 지니고 있다. 단순 내용 정리는 정보의 구조를 이해하는데 도움을 주고, 감상평 정리는 개인의 감정을 표현하는 기회를 제공하며, 내 입장에서 다시 쓰기는 사고의 깊이를 더해준다. 이 모든 과정을 통해 독서는 단순한 정보 습득을 넘어, 나의 성장과 발전으로 이어질 수 있다. 여기에 더한 독서 후 글쓰기 방법으로는 '질문 생성하기', '토론 형식으로 정리하기', '비교 분석하기' 등이 있다.

질문 생성하기는 책을 읽으면서 생긴 질문을 기록하는 방법이다. 저자가 제시한 주장이나 내용에 대해 궁금한 점을 정리해보는 것이다. 질문하고 정리하다 보면 독서의 깊이를 더할 수 있고, 나중에 그 질문에 대한 답을 찾아가는 과정이 독서의 연장선이 된다. 질문을 생성하는 과정은 비판적 사고를 기르는 데도 큰 도움이 된다.

토론 형식으로 정리하기는 읽은 내용을 친구나 동료와 토론하는 형식으로 정리해보는 방법이다. 서로의 의견을 나누고, 다른 시각에서의 해석을 들으면서 나의 생각을 더욱 발전시킬 수 있다. 토론 후에는 그 내용을 정리해서 글로 작성하면, 보다 풍부한 내용을 담을 수 있다.

비교 분석하기는 읽은 책과 다른 책을 비교하는 방법이다. 유사한 주제를 다룬 두 권의 책을 읽고, 각 저자의 관점과 주장, 문체를 비교 분석해보는 것이다. 이 과정은 다양한 시각을 확보하고, 책의 내용을 더 깊이 이해하는 데 큰 도움이 된다.

이런 다양한 방법들을 활용하면 독서 후 글쓰기를 더욱 풍부하고 의미 있게 만들 수 있다. 독서는 단순한 정보 습득이 아니라,

스스로의 생각을 발전시키고, 나를 성장시키는 중요한 과정임을 잊지 말아야 한다. 독서 후 글쓰기를 통해 여러분의 생각과 감정을 기록하고, 나만의 목소리를 찾아보길 바란다. 글쓰기 과정을 통해 자신을 성장시키는 데 큰 도움이 될 것이다.

"당신이 쓰는 첫 문장은 형편없을 수도 있다.
괜찮다. 누구나 그렇게 시작한다"
- 앤 라모트

매일 조금씩
단단해지는 글쓰기

이번 챕터의 제목은 '매일 조금씩 단단해지는 글쓰기'다. 달리 말하면 '시나브로 단단해지는 글쓰기'로, 시나브로는 '모르는 사이에 조금씩 조금씩'이라는 의미를 가진 순우리말이다. 나도 모르는 사이에 조금씩 단단해지는 글쓰기가 이번 글의 주제이다.

우리나라 시민들은 참 급하다. 무엇이든 빠른 결과와 높은 성장을 이루고 싶어 하는 경향이 있다. 예를 들어, 다이어트를 어제 시작했는데 오늘 1kg도 빠지지 않았다면 왠지 모르게 억울함을 느끼고, 주식투자를 하자마자 남들이 1%라도 올랐다고 하면 나만 배가 아프다. 이런 마음가짐은 글쓰기에 대해서도 마찬가지다. 많은 사람이 '빨리 잘 쓰고 싶다'는 마음에 조급해지는 경우가 많다. 하지만 글쓰기는 단숨에 성장할 수 있는 과정이 아니다. 근력을 키우기 위해서는 운동을 하고, 그 후 충분히 쉬어가는 과정을 연이어 반복해야만 근육이 서서히 커진다. 스테로이드 주사를 맞지 않는 이상, 급작스러운 성장은 불가능하다. 글쓰기도 마찬가지다. 글쓰기 또한 '글쓰기 근육'이라고 불릴 정도로, 계속해서 써보고 수정하며 부딪히는 과정이 있어야만 비로소 성장할 수 있다.

세계 최고의 작가들도 글쓰기 실력을 천천히 늘려야 한다고 말했다. '전미 최고의 소설가' 스티븐 킹은 "글쓰기는 마라톤과 같다. 천천히 시작해서 긴 여정을 걸어야 한다"라며, 글쓰기가 시간과 노력을 요하는 과정임을 강조했다. '영국의 소설가' 자넷 윈터슨도 "좋은 글은 천천히 만들어진다. 인내심을 가지고 지속적으로 노력하는 것이 중요하다"라며, 글쓰기에서 인내와 꾸준함의 필요성을 안내했다.

독서 후 글쓰기도 절대 조급해서는 안 된다. 처음에는 책을 읽기는 하지만, 글을 쓰려고 하면 막상 떠오르는 내용이 없을 때가 많다. 그래서 많은 사람들이 단순히 내용 정리만 하고, 그 안에 쓸만한 문장 한두 개만 추가하는 경우가 많다. 이는 잘못된 것이 아니다. 누구나 초보자 과정을 겪게 마련이다. 문장 한두 개를 추가하고, 하나의 단어라도 더 추가하다 보면 나만의 글쓰기 스타일이 자연스럽게 생성된다.

글쓰기에 대한 주저함이 사라지면 속도에 탄력이 붙고, 자신감 있게 자신의 생각을 적기 시작하게 된다. 이처럼 시나브로 다가가야 한다. 조급하게 '글 쓰는 게 너무 어렵다'라는 생각으로 포기한다면, 당신의 글쓰기 실력은 영영 자라나지 못할 것이다. 비록 급하더라도, 아직 현저히 부족하게 느껴지더라도, 당신의 글쓰기 근육을 키우기 위해 성실히 다가가야 한다.

이 과정에서 중요한 것은 꾸준함이다. 매일 조금씩이라도 글을 쓰는 습관을 들이면, 어느새 글쓰기 실력이 향상된 자신을 발견하게 된다. 처음에는 짧은 문장이나 간단한 감상을 적는 것으로 시작해도 좋다. 시간이 지나면서 점차 더 긴 글을 쓰고, 복잡한 주제를 다루게 될 것이다. 이렇게 조금씩 단단해지는 글쓰기를 통해, 자신만의 목소리를 찾아가는 여정이 시작된다.

결국, 글쓰기란 단순히 글을 쓰는 것이 아니라, 자신을 표현하고 소통하는 중요한 과정이다. 이 과정에서 나의 생각과 감정을 정리하고, 나만의 스타일을 찾아가는 것이며, 이는 시간이 지나면서 자연스럽게 이루어질 수 있다. 따라서 시나브로의 마음가짐으로 글쓰기에 접근하고, 조급함을 버리며 꾸준히 노력하는 것이 중요하다.

마지막으로, 글쓰기는 혼자서 하는 것이 아니다. 다양한 사람들과 소통하고, 그들의 피드백을 받는 과정을 통해 더욱 성장할 수 있다. 다른 사람의 글을 읽고, 그에 대한 나의 생각을 정리해보는 것도 좋은 방법이다. 이처럼 시나브로 단단해지는 글쓰기의 여정은 한 개인의 성장뿐만 아니라, 타인과의 연결을 통해 더욱 풍부해질 수 있다. 글쓰기를 통해 자신을 표현하고, 그 과정에서 느끼는 즐거움과 성취감을 만끽하길 바란다.

* 조급해지는 마음은 이해를 하지만, 절대 조급해선 안 된다. 가끔 글쓰기 강의를 나가면 "당장 다음 달에 책을 내고 싶은데, 어떻게 글을 잘 쓸 수 있죠?"라는 질문을 받는다. 너무도 욕심이다. 세상에, 짧은 시간에 급속도로 성장을 거둔 건 '한강의 기적'뿐이다. 기적이 왜 기적이겠는가? 평범한 일이 아니기 때문이다. 그러니 당신이 기적을 행하고자 하는 게 아니라면, 모차르트에 버금가는 천재가 아니라면 시나브로 글쓰기 실력을 키우는 게 당연 옳다.

당신의 글을
업그레이드 하는 법

앞선 글을 통해 글쓰기 근육은 시나브로 성장한다는 사실을 알게 되었다. 그렇다면 그냥 글을 쓰기만 하면 실력이 느는 걸까? 절대 그렇지 않다. 우선 글을 많이 써봐야 하는 게 맞지만, 많이 써야 하는 이유는 글쓰기의 두려움과 주저함을 지우기 위함이다. 글쓰기는 단순한 행위가 아니라, 자신을 표현하고 소통하는 중요한 과정이기 때문이다.

글쓰기 실력을 키우기 위해서는 좋은 글을 읽고, 좋은 글을 써보는 연습이 필요하다. 하지만 좋은 글이 무엇인지 모르면 당연히 좋은 글을 쓸 수 없다. 이에 대해 "좋은 글은 명확하고 간결해야 하며, 독자를 혼란스럽게 하지 않는다"라고 조지 오웰은 말했다. 어니스트 헤밍웨이도 "좋은 글은 진실성을 가져야 하며, 독자가 그 감정을 느낄 수 있도록 해야 한다"고 설명했다. 아이작 아시모프도 역시 "좋은 글은 독자의 마음속에 강한 이미지를 남겨야 한다"고 정의했다. 정리하면, 좋은 글은 명확하고 간결하며, 진실성을 지녀야 하고, 읽는 내 마음속에 강한 이미지를 남긴다. 당신에게 좋은 글을 먼저 찾아보자.

세상에는 수많은 글이 존재하며, 좋은 글도 그만큼 넘쳐난다. 다양한 주제에 맞는 글이 있고, 같은 주제라도 다르게 표현하는 방법이 있다. 나는 좋은 글을 찾기 위해 내가 봤을 때 좋은 글을 쓰는 작가의 글을 자주 읽었고, 편협한 시각에 빠질 수 있기에 대중이 인정한 작가의 글 또한 읽었다. 좋은 글은 상대적이기에 다양하게 익힐수록 좋다. 나의 경험상, 여러 작가의 스타일을 접하는 것이 내 글쓰기에도 큰 도움이 되었다.

좋은 글은 자주 보고, 자주 익혀야 한다. 그러나 단순히 보는 것만으로는 익힐 수 없기에 직접 써봐야 한다. 필사할 때 시간이 오래 걸리고 힘들어서 금세 그만두는 분이 많다. 그렇지만 필사는 가장 빠르게 글쓰기 실력을 키우는 유일한 방법이다. 필사를 컴퓨터로 쓰는 분도 있지만, 컴퓨터로 글을 쓰면 타자 연습뿐이 되지 않는다. 빈 노트에 한 자씩 써내려가면서 읊다 보면 다양한 생각이 들기도 하고, 단어 하나하나에 집중하게 된다. 내 경우에는 6개월간 주말을 제외하고 매일 2시간 가까이 필사했다. 직업이 기자였고, 기사문을 잘 쓰고 싶었기에 주로 칼럼을 필사했다. 다양한 칼럼을 필사했고, 노트에 써 내린 뒤 다시 한 번 읽으며 이 글이 어떻게 쓰였는지 작가의 관점에서 이해해 보려 노력했다. 작가의 관점에서 이해하다 보면 왜 이 단어를 썼는지, 문장의 구조를 써 내려갈 때 어떤 의도로 작성했는지를 파악하게 된다. 이런 과정은 내가 글을 쓸 때 도움이 되는 다양한 기법과 스타일을 배우는 데 크게 기여했다.

올바른 필사법으로 글쓰기 실력을 펌핑하길 바란다. 필사는 단순히 글을 복사하는 것이 아니라, 저자의 생각과 감정을 느끼고, 그 과정을 통해 내 글로 변환되는 중요한 과정이다. 필사를 통해 나의 글쓰기 실력을 업그레이드하고, 더 나아가 독자와의 소통을 더욱 풍부하게 만들어 나가는 경험을 하길 바란다.

> "필사는 읽는 것보다 훨씬 강력하다.
> 읽으면 사라지지만, 쓰면 남는다"
> —유시민

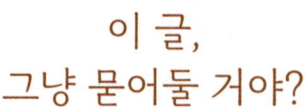

이 글,
그냥 묻어둘 거야?

 글을 쓰고 돌아보지 않는 시민이 많다. 이미 글을 썼으니 내 손을 떠났다고 생각하는 건지, 떠난 인연처럼 다시는 안 볼 것처럼 대한다. 하지만 내가 적은 내 글은 내 새끼와 같다. 내 손에서 태어난 글이니 자식과도 같지 않은가? 내 손에 태어난 내 자식이 방치되고 방임한다면 결국 관리 받지 못한 채 도태된다. 다소 극단적인 예시라고 생각되는가? 전혀 그렇지 않다. 이 세상에 초고로 완성된 글은 없다. 세계적으로 유명한 작가들도 초고를 교정하고 또 교정하는 과정을 거친다. 위대한 작가 어니스트 헤밍웨이는 "첫 번째 초안은 항상 형편없다"고 말하며, 그의 작업 과정에서 여러 번의 수정이 필요하다고 강조했다. 그는 자신의 문장을 다듬기 위해 몇 번이고 다시 쓰는 과정을 반복했다는 일화가 있다. 또한, 스티븐 킹은 자신의 유명한 저서 『On Writing』에서 "모든 작품은 초고를 쓰고, 그다음에 수정을 거쳐야 한다"고 언급했다. 자신의 초기 작품들이 얼마나 많은 수정을 거쳤는지를 이야기하며, 초고에서 완성본까지의 과정이 얼마나 중요한지를 설명했다. 킹은 "수정은 글쓰기의 핵심"이라고도 덧붙였다. 마크 트웨인 또한 "나는 글을 쓰는 데 시간을 많이 쓰지 않지만, 글을 고치는 데는 시간을 많이 쓴다"고 말한 바 있다. 그는 자신의 글을 매번 다시 읽고 수정하며, 독자에게 최상의 경험을 제공하기 위해 노력했다. 이러한 일화들은 아무리 대단한 작가라 할지라도 태어난 글을 고치고 또 고친다는 사실을 잘 보여준다. 아무리 유명한 작가라도 '이 정도면 됐다'는 생각에, 고치고 싶은 부분이 생기더라도 눈물을 머금고 책을 내기도 한다. 그만큼 글에 정답은 없다. 글을 썼으면 고쳐야 한다. 고치는 것에 두려워하지 마라. 당신의 글이 못나서가 아니다. 더 좋은 글이 되기 위해 수정할 뿐이다.

완벽한 글이 없다는 걸 깨달았으니, 어떻게 글을 고쳐야 하는지 이야기해봐야 한다. 글을 교정할 때 눈여겨봐야 할 것은 문장의 매끄러움, 단어 선택, 문맥의 편안함 등이다. 먼저 문장이 매끄러운지를 확인해봐야 한다. 쓸 때는 괜찮은 것 같지만, 멀리서 보면 문장의 의미가 잘 와닿지 않을 때가 있다. 보다 객관적인 시선에서 문장이 잘 읽히는지를 파악하기 위해 '소리 내어 읽어보는' 방법을 사용하는 것도 추천한다. 소리 내어 읽으면 문장의 흐름이 자연스러운지, 의미가 잘 전달되는지를 확인할 수 있다. 단어 선택에 대해서도, 이 세상에 비슷한 의미를 지닌 다양한 단어가 있다. 글을 쓰는 행위에 대해서도 '글쓰기'로 통칭할 수 있지만, '집필', '편찬', '요약', '정리' 등으로 변환해서 사용할 수 있다. 단어 선택의 핵심은 뜻을 세분화하는 것이다. 내가 사용하고자 하는 단어의 의미를 세분화할수록 그 뜻이 정확히 일치할 때까지 단어를 찾아야 한다. 내가 지금 쓰는 글을 단순히 글쓰기라고 하는 것보다 '영화 요약글'이라고 쓰면 단번에 와 닿지 않는가? 단어는 세분화해서 그에 맞는 것을 쓰고, 반복해서 쓰면 글이 지루해지니 다양하게 변화해서 사용하는 게 좋다.

문맥의 편안함도 중요한 요소다. 문단의 순서를 옳게 바꾸면 글의 흐름이 한결 자연스럽게 이어질 수 있다. 한번 쭉 읽어봤을 때 문단이 끊기는 느낌이 들면 과감히 바꿔줘도 된다. 다만 문단의 순서를 바꿀 때는 문단의 앞과 끝을 앞뒤로 연결해줘야 자연스럽다. 글쓰기란 단순히 단어를 나열하는 것이 아니라, 독자가 읽기 편하고 이해하기 쉬운 흐름을 만들어주는 과정이다.

글은 썼다고 완성되는 것이 아니다. 글을 쓴 후에는 반드시 돌아보고 수정하는 과정이 필요하다. 유명 작가들의 사례를 통해 우리는 글쓰기의 본질을 이해할 수 있다. 글은 한 번 쓰고 끝나는 것이 아니라, 끊임없이 다듬고 발전시켜 나가야 하는 생명체와 같다. 그러므로 두려워하지 말고, 수정의 과정을 통해 더 나은 글을 만들어 나가길 바란다.

* 헤밍웨이와 스티븐 킹, 마크 트웨인도 끝없는 퇴고를 거치는데 '이 정도면 됐다'는 생각을 갖는 건 너무 안일한 행위가 아니겠는가? 그렇다고 퇴고만 거듭하다 글을 마치지 못하는 것도 문제다. 주변에 완벽주의가 많아 글을 마무리 짓지 못하는데, 가장 좋은 방법은 날을 정해두는 것이다. 이때까지 퇴고하고 더는 돌아보지 않겠다는 생각으로 퇴고하면, 어쨌든 끝맺을 수 있다. 완벽주의를 이겨내는 가장 간단한 방법이자, 확실한 방법일 것이다.

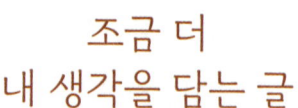

조금 더
내 생각을 담는 글

　글을 잘 쓰기 위해서는 우선 거침이 없고 자유로운 마음가짐이 필요하다. 글을 쓸 때 주저함이 찾아오면 글이 멈칫하게 되고, 내가 하고 싶은 말을 제대로 담기 힘들어진다. 그래서 나는 글을 쓸 때, 처음에는 거침없이 내 생각을 쏟아내고, 그다음에 천천히 뜯어보면서 수정하는 방식을 선호한다. 이러한 접근 방식이 글쓰기의 기본 원칙이라고 할 수 있다. 처음부터 완벽한 글을 써야 한다는 압박감이 생기면 글이 잘 나오지 않게 된다. 그러므로 생각나는 대로 자유롭게 적는 것이 중요하며, 이는 글쓰기의 첫 단계로서 매우 효과적이다. 하지만 단번에 쓰고 고치는 방식으로는 나쁘지 않은 글을 만들어 낼 수 있지만, 깊이 있는 글을 완성하기에는 한계가 있다. 깊이 있는 글쓰기를 하려면 단순히 문장을 나열하는 것이 아니라, 마치 숙성된 와인처럼 깊고 농축된 느낌을 주어야 한다. 좋은 글은 단순히 정보를 전달하는

데 그치지 않고, 독자가 그 글을 통해 느낄 수 있는 감정과 사고를 담아야 한다. 이를 위해서는 글에 대한 깊은 성찰과 고민이 필수적이다. 깊이 있는 글은 독자가 읽고 나서도 여운이 남고, 다시 생각하게 만드는 힘이 있어야 한다.

글을 쓸 때 주저함은 없어야 하지만, 마치 라면을 끓이듯 후다닥 적은 글은 깊이가 부족할 수밖에 없다. 깊고 진한 맛이 나는 글이 나오기 위해서는 방법이 필요하다. 가장 추천하는 방법은 평소에 글쓰기를 자주 연습하고, 일상에서 떠오르는 아이디어나 철학적인 생각을 기록하거나 머릿속에 새겨 두는 것이다. 일상을 매번 새롭게 바라보는 습관이 깊이 있는 글쓰기를 위한 기초가 되고, 나중에 글을 쓸 때 그 아이디어를 활용할 수 있게 된다. 나는 평소에 뉴스를 보거나 문득 어떤 생각이 떠오르면 스마트폰에 메모하는 습관이 있다. 깊이 있게 모든 내용을 적기에는 시간적 제약이 크기 때문에, 주로 키워드만 적어놓는다. 이렇게 간단한 키워드만 봐도 나중에 내용을 떠올릴 수 있도록 머릿속에서 생각을 정리해 둔다. 이런 짧은 메모는 나중에 글을 쓸 때 큰 도움이 된다. 키워드를 통해 내가 어떤 생각을 했었는지를 다시 떠올릴 수 있기 때문이다. 이렇게 메모해두면 나중에 글을 쓸 때 큰 자극이 되고, 사고를 정교하고 깊이 있게 발전시킬 수 있다.

평소에 깊이 있는 생각을 하다 보면, 글을 쓸 때도 나도 모르게 그 깊이가 드러나게 된다. 모든 내용을 찾아보지 않아도 내가 적은 키워드만 보고 '아! 이런 생각을 했었지'라는 느낌이 들면 그 내용을 자연스럽게 활용할 수 있다. 이러한 과정은 나의 사고를 정리하는 데 큰 도움이 되고, 글쓰기에 대한 자신감을 높이는 데 기여한다. 글을 쓰는 것은 단순히 표현하는 행위가 아니라, 내면의 생각과 감정을 정리하는 중요한 작업이기 때문이다.

결국, 깊이 있는 글을 쓰기 위해서는 평소에도 깊이 있는 사고와 관찰이 필요하다. 단숨에 일필휘지를 써내는 작가는 그야말로 천재이다. 모차르트가 몇 분 만에 모두가 놀랄 만한 악보를 써내는 것은 그가 타고난 천재이기 때문이다. 하지만 우리는 천재가 아니라고 슬퍼할 필요는 없다. 대부분은 평범한 범재이며, 범재로서 천재보다 더 뛰어난 글을 쓸 수 있고, 천재보다 더 듣기 좋은 악보를 만들어 낼 수 있는 잠재력을 가지고 있다.

글쓰기는 매 순간 쌓아 올린 노력의 결과다. 게으른 천재보다, 노력하는 범재가 되어 깊이 있는 글쓰기를 해나가길 바란다. 글쓰기는 단순히 재능이 아니라, 지속적인 연습과 깊은 사고의 산물이기 때문이다. 그러므로 매일 조금씩이라도 생각을 정리하고, 그것을 글로 표현하는 연습을 계속해 나가길 바란다. 그렇게 할 때 당신의 글은 점점 더 깊이 있는 맛을 지니게 될 것이다.

"좋은 문장은 책상 앞에서 태어나고,
좋은 생각은 메모에서 시작된다"
- 강원국

누가 뭐래도,
'계속 쓰는 사람'이 결국 이긴다

 글쓰기는 결코 혼자서 고립된 채 이루어지는 작업이 아니다. 오히려 그것은 다양한 사람들과의 소통을 통해 더욱 풍부해지고, 그들의 피드백을 수용함으로써 진정한 성장의 기회를 제공받는 과정이다. 혼자서 글을 쓰는 것은 내가 가진 생각의 범위를 좁히고 편협한 시각에 갇힐 위험이 있다. 내가 혼자 쓴 글은 단순한 일기나 습작에 불과할 뿐, 진정한 의미의 글은 누군가에게 읽히기 위해 태어났다는 사실을 잊지 말아야 한다. 내 글이 제대로 태동하기 위해서는 반드시 타인의 눈을 거쳐야 한다.

 물론, 타인이 내 글을 읽게 된다는 사실은 처음에는 두려움을 느끼게 할 수 있다. '내 글이 과연 잘 쓰였을까?', '타인의 평가가 두렵다'는 생각이 드는 것은 자연스러운 감정이다. 하지만 이러한 불안감은 성장의 필수적인 요소라는 점을 이해해야 한다. 학습 능력을 평가하기 위해 시험을 치르고, 뛰어난 운동선

수들도 자신의 실력을 확인하기 위해 경쟁에 나서는 것과 마찬가지로, 내 글 역시 타인의 평가를 통해 문제점과 장점을 파악하고 방향성을 설정하는 것이 필요하다. 특히, 지인에게 내 글을 보여주는 것은 매우 유용한 방법이다. 예를 들어, "내가 최근에 소설을 썼는데, 재미는 있지만 가독성이 떨어지는 것 같아. 가독성에 집중해서 한번 읽어봐줄 수 있어?"라고 구체적으로 요청하면, 내가 생각하는 문제점에 대해 집중적인 피드백을 받을 수 있다. 이러한 방식은 단순한 평가를 넘어서, 지인과의 글쓰기를 논의하며 서로의 생각을 나누고, 더 가까워지는 소중한 계기가 될 수 있다.

SNS를 활용하는 방법도 매우 효과적이다. 블로그나 스레드와 같은 글 중심의 SNS에서는 다양한 글쓰기를 시도하는 이용자들이 많기 때문에, 비슷한 관심사를 가진 사람들과 교류할 수 있는 기회를 제공한다. 이러한 플랫폼에서는 뛰어난 글쓰기 실력을 지닌 사람에게 자연스럽게 피드백을 요청할 수 있는 기회도 생기며, 이는 나의 글쓰기 실력을 한층 더 발전시키는 데 큰 도움이 된다. 또한, 다른 사람의 글을 읽고 그에 대한 나의 생각을 정리해보는 것도 매우 효과적인 방법이다. 다른 사람의 글을 읽으면서 느낀 점이나 배운 점을 정리하는 과정은 내가 가진 글쓰기 실력을 키우는 데 큰 도움이 된다. 이는 단순히 나의 성장뿐만 아니라, 타인과의 연결을 통해 글쓰기의 폭을 넓힐 수 있는 기회이기도 하다. 다양한 관점을 접하고, 서로의 의견을 나누며 성장하는 과정은 글쓰기의 즐거움 중 하나로, 나를 더욱 풍부한 작가로 만들어 줄 것이다.

결국, 글쓰기를 통해 자신을 표현하고, 그 과정에서 느끼는 즐거움과 성취감을 만끽하길 바란다. 글쓰기는 혼자 하는 것이 아니라, 함께 나누고 소통하는 과정이라는 점을 잊지 말자. 타인의 피드백을 통해 나의 글이 더욱 발전할 수 있으며, 이로 인해 더 나은 작가로 성장할 수 있다. 그러니 두려워하지 말고, 나의 글을 세상에 보여주며 그 과정에서 얻는 경험과 배움을 소중히 여기길 바란다. 글쓰기는 결국, 나 자신과 타인을 연결하는 다리 역할을 하며, 서로의 이야기를 통해 더 깊은 이해와 공감을 이끌어낼 수 있는 소중한 과정이라는 것을 기억하자.

* 타인이 내 글을 읽는다는 사실이 너무 무서웠다. 내 주장이 틀릴 수도, 내가 아는 정보가 잘못된 것일 수도 있다. 그래서 글 쓰는 게 두려웠다. 하지만 여러분은 프로 작가가 아니다. SNS에는 누구나 자유롭게 글을 쓴다. 오타가 있을 수도, 문법이 안 맞을 수도, 잘못된 정보를 기입할 수 있다. 잘못된 게 아니다. 누구나 그럴 수 있는 일이다. 처음엔 누가 내 글을 읽는 게 두려워 소통을 꺼렸지만, 지금은 만 명이 넘는 사람이 내 글을 읽

는다. 스레드와 블로그 팔로워만 합쳐도 만 명이 넘는다. 가끔 악플(?)이 달리지만, 이에 굴하지 않는다. 아무리 기자라도 모든 글이 완벽할 수는 없으니 말이다. 그러니 두려워 말고 글을 써보자. 누가 뭐라 하면 즐겁게 들어라. 틀렸다는 건 더 나아질 일이 남았다는 것이니 말이다.

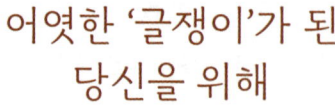

어엿한 '글쟁이'가 된
당신을 위해

다양한 글쓰기 방법을 깨우치고, 매일 글쓰기 연습을 하며 실력을 쌓아 간다면, 당신은 이미 어엿한 글쟁이가 되었을 것이다. 이제 당신은 내 생각을 완벽히 표현하지는 못하더라도, 글로 써내는 데 큰 어려움이 없을 것이며, 글을 적는 것에 큰 두려움이나 주저함도 느끼지 않을 것이다. 처음에 글을 쓰기 시작했을 때의 불안감이나 긴장감은 점차 사라지고, 이제는 글이 자연스럽게 흘러나오는 것을 느낄 수 있을 것이다. 당신의 지인들은 당신이 글쓰기를 좋아한다는 사실을 알게 되었고, 종종 당신이 쓴 글을 읽으며 다양한 이야기를 나누게 된다. 그들과의 대화 속에서 당신의 글이 어떻게 다른 사람들에게 영향을 미치는지를 깨닫게 될 것이며, 이는 또 다른 동기부여가 될 것이다. 글쓰기를 논하게 되면, 글쓰기의 시작점이 독서에서 왔다는 사실 덕분에 대화의 범위는 자연스럽게 독서로까지 퍼져나갈 것이다. 당신이 읽었던 책들과 그 책들이 남긴 감동적인 순간들을 회상하며, 서로의 생각을 나누는 과정은 당신의 글쓰기에도 긍정적인 영향을 미칠 것이다.

SNS에 쓴 글도 두둑하게 쌓였을 것이다. 다양한 주제의 글을 썼고, 만약 내가 맨 처음 SNS에 쓴 글을 다시 돌아본다면 부끄러워서 쳐다보기도 힘들 것이다. 과거에 썼던 글은 너무 형편없어서 보기만 해도 손발이 오그라드는 기분이 들 것이다. 그러나 초기의 쓴 글들은 당신이 지금의 위치에 오기까지의 과정이자 성장의 증거임을 잊지 말아야 한다. 당신이 겪은 시행착오와 그로 인한 발전은 결국 당신을 더욱 뛰어난 글쟁이로 만들어주었고, 지금의 당신이 더 나은 글을 쓸 수 있는 기초가 되었음을 인식하는 것이 중요하다.

이렇게 어엿한 글쟁이가 된 당신에게는 다음 챕터가 기다리고 있다. 이번에는 기획된 글쓰기를 시도해야 한다. 기획된 글쓰기는 단순히 떠오르는 생각을 즉흥적으로 적는 것이 아니라, 명확한 목적과 주제를 가지고 체계적으로 글을 작성하는 과정을 말한다. 잠깐 다른 이야기를 하자면, 난 영화감독을 인터뷰한 적이 있다. 영화에 대해 이야기를 나누던 중, 나는 "어떻게 영화감독이 될 생각을 했냐?"고 물었고, 감독은 "영화를 좋아하면 결국 영화를 찍을 수밖에 없다"며 웃었다. 글을 쓰다 보면 세상에 내고 싶어진다. 영화를 좋아해서 세상에 내가 생각한 영화를 보여주고 싶은 것처럼 말이다.

 기획된 글쓰기는 명확한 목적을 갖고 쓰는 글이다. 책을 집필하든, 칼럼을 기고하든, 하나의 주제를 정해 주기적인 글쓰기를 시도하는 것이다. 당신이 쓴 글이 독자에게 어떤 메시지를 전달하고자 하는지를 명확히 하고, 그에 맞는 내용을 구성하는 과정은 글쓰기를 한층 깊이 있게 만들어줄 것이다. 꼭 내가 쓴 글로 돈을 벌겠다는 생각보다, 내 지인과 SNS 친구만 보는 글에서 세상을 향해 뻗어나가라는 뜻이다. SNS에서는 내 마음대로 글을 쓰고 올릴 수 있지만, 책과 칼럼은 명확한 주제로, 한 주체의 승인을 거쳐 세상에 보이는 글이다. 기획된 글쓰기가 무엇인지 잘 고민해서 당신의 글에도 특정한 목표가 필요하다는 것을 보여줄 수 있다. 당신이 더욱 책임감 있게 글을 쓰게 되는 계기가 될 것이다. 책과 칼럼을 쓰면 쓸수록 더 많은 사람이 당신의 글을 읽게 될 것이며, 작가 혹은 칼럼니스트 등의 직책이 당신 이름 옆에 붙게 될 것이다. 그때는 당신의 글쓰기가 당신의 삶을 바꿀 수 있는 기회가 생길 것이다.

예를 들어, 한 독자가 당신의 글을 읽고 감명을 받아 직접 연락을 해올 수도 있다. 그 독자는 당신의 글에서 큰 위로와 영감을 받았다고 말할 것이고, 그로 인해 당신은 자신이 쓴 글이 누군가의 삶에 긍정적인 영향을 미쳤다는 사실을 깨닫게 된다. 독자의 감명 깊은 경험을 전달받으면 경험은 글쓰기가 단순한 취미가 아니라, 타인에게 깊은 영향을 미칠 수 있는 강력한 도구임을 느낀다. 글쟁이가 된 당신에게 글쓰기는 이제 삶의 큰 한 축이 된다. 당신이 글쓰기를 즐기며, 그 과정에서 자신과 세상을 변화시킬 수 있기를 바란다. 글쓰기는 단순히 자신의 생각을 표현하는 것이 아니라, 누군가의 마음을 움직이고, 세상과 소통하는 중요한 방법이다. 그러므로 앞으로도 계속해서 글을 쓰고, 그 과정에서 느끼는 즐거움과 성취감을 만끽하길 바란다. 당신의 글이 세상에 퍼져나가고, 그 속에서 많은 이들과 연결될 수 있도록, 계속해서 나아가길 응원한다. 글쓰기를 통해 당신의 삶과 세상을 변화시키기를 바란다.

> "글이 너무 안 써져서 그냥 매일 자판을 두드렸다.
> 그렇게 한 문장씩 쌓이며 작가가 되었다"
> - 이슬아

쉬어가는 코너

독자로서 기자로서 ❸

기자라서 시와 소설을 읽는다

　기자 후배들이 글쓰기 고충을 토로할 때면, 그 어려움이 참 다양하다는 사실을 새삼 느낀다. 하지만 '기사문 쓰기'라는 좁은 주제로 한정하면 고민은 대체로 세 가지로 압축된다. 첫째, '거친 기사문'이다. 마치 울퉁불퉁한 산길처럼 매끄럽지 않고 딱딱한 문장들이 독자를 멀어지게 한다. 둘째, '일목요연하지 못한 기사문'이다. 서두부터 결론까지 논리와 흐름이 엉켜 독자가 무슨 말을 하려는지 혼란스러워한다. 셋째, '평이한 표현의 기사문'이다. 문장은 그럴싸하지만, 어딘지 모르게 밋밋하고 지루하다. 독자를 끌어당기지 못하는 것이다.

　첫 번째와 두 번째 문제는 기술적인 결함이다. 기사문은 기본적으로 '육하원칙'에 따라 구조화된다. 서문에서 주제를 제시하고, 본문에서 근거와 내용을 펼치며, 결론에서 요점을 정리한다. 대다수 기사는 이런 틀을 따른다. 그래서 내용이 다르더라도 말하는 방식은 비슷하다. 즉, 기사 작성법이라는 '기술'을 제대로 익히면 이 문제는 충분히 극복 가능하다. 하지만 '평이한 표현' 문제는 단번에 해결되지 않는다. 표현력은 하루아침에 바뀌지 않는다. 자주 쓰고, 다양한 표현을 접하며 내 것으로 만들어야 한다. 나 역시 기자 초기에 표현의 제한에 묶여 고민했다. 매일 같은 문장 구조와 단어만 반복하다 보면 쓰는 사람은 편하지만, 읽는 사람은 하품을 참지 못한다.

그렇다면 표현의 다양성을 어떻게 키울까? 답은 단순하다. 많이 보고, 많이 써야 한다. '다독(多讀)'과 '다작(多作)'만이 해답이다. 하지만 여기서 멈추면 그저 뻔한 조언에 그친다. 나는 기자들에게 한 가지 특별한 방법을 권한다. 바로 '시와 소설 같은 문학 작품'을 많이 읽으라는 것이다. 기사를 아무리 많이 읽고 따라 써도, 시 한 편 읽는 것만 못하다. 왜냐하면 대부분의 기사는 기자들이 가진 표현력의 한계를 넘지 못하기 때문이다. 반면 시와 소설은 같은 대상을 완전히 다르게 바라보고 해석한다. 표현의 다양성은 곧 시선의 확장이다. 예를 들어, 누군가는 '빨갛고 맛있는 사과'라고만 말하지만, 누군가는 '15년 전 한가로운 주말 낮, 어머니가 깎아주던 달디 단 사과 한 조각'이라고 묘사

한다. 후자의 표현은 단순한 사과가 아니라 '시간과 감정'을 담은 이야기로 독자의 마음을 움직인다.

글을 쓰고자 하는 이들에게 시와 소설은 단지 '읽는 재미' 이상의 의미를 준다. 어떤 이는 "시와 소설이 우리 삶에 무슨 도움이 되냐"고 묻는다. 나는 반문하고 싶다. "당신은 왜 음악을 듣고, 영화를 보는가?" 문화 예술은 우리의 감정을 어루만지는 동시에, 한정된 시야를 넓혀준다. 마찬가지로 글쓰기에서도 표현의 폭을 넓히려면 다양한 문학 작품을 접해야 한다. 그 다양성은 결국 당신의 가장 강력한 무기가 될 것이다.

기자라는 직업은 '진실을 전하는 일'이자 '사회와 소통하는 창구'다. 그런데 진실을 전하는 데 그치지 않고, 독자의 마음을 움직이는 글을 쓰려면 표현력의 폭이 넓어야 한다. 단순히 사실만 나열하는 '거친 기사'는 쉽게 잊힌다. 논리가 흐트러진 글은 혼란만 준다. 그리고 평범한 표현으로 가득한 글은 그 무엇도 남기지 못한다. 시와 소설은 바로 그 점에서 우리에게 '표현의 무한 가능성'을 보여준다. 시인은 짧은 운율 속에 감정을 담고, 소설가는 이야기를 통해 복잡한 인간 심리를 그려낸다. 그 과정을 통해 우리는 같은 사물과 사건도 다르게 바라보고, 더 풍부하게 표현하는 법을 배운다. 이건 기자로서, 나아가 글을 쓰는 모든 이가 갖춰야 할 필수 능력이다.

　표현력을 키우는 가장 좋은 방법은 '많이 읽고 많이 쓰기'다. 하지만 '많이 읽기'가 꼭 기사나 논픽션일 필요는 없다. 오히려 시와 소설 같은 문학 작품이 더 큰 도움이 된다. 문학은 우리의 감성과 사고를 자극하며, 익숙한 것을 새롭게 보는 눈을 길러준다. 나는 기자 후배들에게 항상 이렇게 말한다. "기사가 당신의 밥이라면, 시와 소설은 당신의 영혼을 채우는 디저트다. 밥만 먹고 디저트를 안 먹으면, 밋밋하고 재미없는 식사가 될 뿐이다." 표현의 다양성은 결국 독자의 마음을 사로잡는 '글쓰기의 맛'을 결정한다. 기자든 일반인이든 글쓰기는 '기술'과 '예술'의 결합이다.

　기술만 있으면 딱딱하고 무미건조한 글이 되고, 예술만 있으면 논리가 부족한 글이 된다. 그래서 우리는 기술을 배우고, 표현의 폭을 넓히기 위해 문학을 읽어야 한다. 시와 소설은 그 자체로 독서의 즐거움이자, 글쓰기의 스승이다. 다양한 문학 작품을 접하며 우리는 세상을 다르게 보고, 더 깊이 느끼고, 더 풍부하게 표현할 수 있다. 그러니 글을 쓰고 싶은 모든 이에게 나는 말한다.

"책장을 넘기며 시 한 편, 소설 한 구절을 읽어라.
당신의 글과 생각은 한층 더 빛날 것이다."

글쓰기 고민에 갇힌 기자 후배들에게 이 말은 단순한 조언을 넘어, 새로운 시작의 불씨가 될 것이다. 글은 표현의 자유이며, 그 자유는 시와 소설에서부터 시작한다.

"좋은 문장을 쓰고 싶다면, 시를 읽으세요. 시는 문장의 리듬을, 소설은 사람을 이해하게 해줍니다"
- 정세랑

독서광을 향한 흔한 질문이
"당신의 '인생 책'은 무엇인가요?"
질문을 바꿔, 한 권의 인생 책을 고르기보다
내 인생을 바꿨던, 나를 성장시킨 책을 소개시켜주고 싶다.

④
나를 키운 책,
나를 만든 이야기

세상의 거대한 흐름을 깨닫게 한
『태백산맥』

조정래 작가

　우리 문학소설의 줄기를 잇는 조정래 작가의 『태백산맥』은 한국 문학의 상징적 작품으로, 일제강점기부터 한국전쟁에 이르는 우리 역사의 비극을 바탕으로 다양한 인물들의 서사를 담고 있다. 태백산맥은 단순히 역사적 사실을 나열하는 것이 아니라, 그 이면에 숨겨진 인간의 삶과 고뇌를 세밀하게 그려내어 독자에게 깊은 감명을 준다. 『태백산맥』은 우리가 역사서에서 접하는 인물들의 뒤에 서 있는 사람들의 시선을 통해 역사적 사건을 바라보는 새로운 관점을 제공한다. 작가는 각 인물의 복잡한 내면을 세심하게 묘사하여, 독자가 그들의 선택과 행동을 이해할 수 있게 한다. 평범한 소시민의 삶에서부터 권력에 휘둘리는 인물까지, 각자의 고난과 역경을 겪으며 어떻게 그들이 형성되었는지를 탐구하는 것이 이 소설의 핵심이다. 독자는 이 과정을 통해 "만약 내가 같은 상황에 처한다면?"이라는 질문을 던지게 되고, 곧 자기 성찰로 이어진다. 작품 속 다양한 인물들은 각자의 사연을 가지고 있으며, 그들의 행동 동기를 분석하는 과정은 독자가 사람을 깊이 이해하는 데 큰 도움이 된다. 조정래의 글에서는 인물들이 겪는 갈등과 선택이 단순히 사건의 전개에 그치지 않고, 그 이면에 있는 인간의 본질적인 고민을 드러낸다. 독자는 인물들의 삶을 통해 자신의 삶을 돌아보게 되고, 사회와 인간에 대한 깊은 통찰을 얻게 된다. 『태백산맥』은 독자가 사건을 표면적으로만 이해하는 것이 아니라, 그 이면에 있는 복잡한 감정과 사회적 맥락을 고려하게 만든다. 태백산맥을 읽은 20대 중반의 나는 단순히 한 사람의 결과를 바라보는 것이 아닌, 그가 지금에 이르기까지 어떤 고난과 고민이 있었는지를 깊이 이해하게 됐다.

최근 SNS가 크게 발달하며 다양한 사건이 책임을 종결짓기 전 빠르게 밝혀지고 있는데, 여론에 우르르 휩쓸려 누군가를 욕하기보다는 중립을 지키면서 있는 그대로 바라보는 능력이 길러졌다. 『태백산맥』을 통해 배운 통찰력은 기자로서 다양한 시각을 갖추는 데 큰 도움이 됐다. 더군다나 조정래 작가의 필력은 단순히 이야기의 전개에 그치지 않고, 독자가 인물의 매력에 빠져들게 만든다. 뛰어난 서사와 함께 인물의 심리적 깊이를 탐구하는 과정은 독자에게 글쓰기의 영감을 주며, 다양한 주제를 탐색하는 데 필요한 시각을 제공한다. 『태백산맥』은 인문학적 깊이를 지닌 작품으로, 독자가 역사와 인물에 대한 새로운 시각을 갖게 하는 데 중요한 역할을 한다. 내게, 그리고 여러분에게 태백산맥은 단순한 문학작품으로 다가가지 않을 것이다. 독자가 역사와 인간 존재에 대한 깊은 이해를 얻을 수 있는 귀중한 자산이 된다. 태백산맥을 통해 독자는 단순히 과거를 이해하는 데 그치지 않고, 현재와 미래를 위한 중요한 교훈을 얻을 수 있다. 조정래 작가의 대하소설은 우리에게 역사적 사건을 넘어, 인간의 삶에 대해 깊이 고민하게 만드는 귀중한 기회를 제공한다.

내가 느끼고 배운 바를 여러분도 느꼈으면 한다. 태백산맥을 읽고, 그 속에서 역사와 인간의 복잡한 관계를 탐구해 보길 바란다. 이 작품은 당신의 사고를 확장시켜 주고, 세상을 바라보는 시각을 넓혀줄 것이다. 조정래 작가의 뛰어난 서사와 깊이 있는 인물 분석을 통해 역사와 인간 존재에 대한 깊은 고민을 유도하며, 세상과 사람을 바라보는 눈이 더욱 깊어지길 바란다.

> "『태백산맥』은 인간과 역사, 이념과 민족을
> 제대로 배우는 가장 생생한 교과서다"
> – 조정래, 『태백산맥』에 대한 인터뷰 중

내 삶의 목적을
다시 묻게 한 『국가론』

철학자 소크라테스

 플라톤의 『국가론』은 단순한 정치 이론서를 넘어, 우리가 사는 나라가 어떤 국가여야 하는지에 대한 깊은 고민을 남기는 작품이다. 정말 깊은 고전서 『국가론』이 지금까지 인정받는 이유는, 플라톤이 소크라테스의 『대화』를 통해 제시하는 정치적 이

념과 그에 대한 심오한 성찰이 여전히 현대 사회에 적용 가능하기 때문이다. 『국가론』은 정치인에게 어떤 국가를 만들어야 하는지를 가르치기보다는, 모든 독자가 자신의 삶과 정체성을 돌아보게 만드는 철학적 질문을 던진다. 국가론의 핵심 내용은 소크라테스의 언어를 통해 드러나며, 독자가 스스로 질문하고 답하는 과정을 통해 진정한 이데아, 즉 이상적인 국가에 대한 이해를 돕는다. 플라톤은 소크라테스의 산파법을 활용하여 독자와 대화를 나누듯, 여러 인물의 질문과 답변을 통해 독자가 스스로 깨닫게 한다. 이를 통해 독자는 국가의 본질과 정치의 목적, 그리고 개인의 역할에 대해 깊이 고민하게 된다.

내가 플라톤을 처음 읽었을 때, 정확히 3번 감탄했다. 우선 2,500년 전의 정치적 논의가 오늘날 우리가 의논하는 주제들보다도 더 수준 높은 토론을 나누고 있다는 사실에 감탄하게 되었다. 플라톤은 어떻게 하면 국가를 안정적으로 운영할 것인지, 어떤 사람이 정책을 펴야 하고, 수장이 되어야 하는지를 고민했다. 이는 단순한 이론적 논의가 아니라, 실질적인 정치 운영에 대한 깊은 통찰을 제공한다. 특히, 소크라테스가 말한 엘리트정치가 독재정치로 이어질 수밖에 없다는 점을 인식하면서도, 그 독재가 그릇되지 않도록 할 견제장치의 필요성을 강조한 부분은 오늘날에도 여전히 유효한 논의이다.

두 번째로, 국가론은 내가 어떤 삶을 살아야 하는지를 고민하게 만든다. 이 책은 다소 우매한 민중을 지도하기 위해 엘리트가 어떤 교육과정을 거쳐야 하며, 올바른 지도자가 되기 위한 준비과정이 무엇인지 상세히 적고 있다. 현재의 교육 시스템이 높은 자리에 오르기 위한 수단으로 여겨질 수 있는 반면, 『국가론』에서의 교육은 사회에 베풀고자 하는 진정한 의도를 담고 있다. 오랜 시간 교육받은 만큼, 자신을 먹이고 재워준 민중에게 올바른 정치로 보답해야 한다는 주장은 오늘날 정치인과 지도자에게 중요한 교훈이 된다.

마지막으로, 소크라테스의 대화와 질문의 수준이 매우 뛰어나다. 그는 상대방의 답을 절대 우습게 여기지 않고, 진정한 대화를 이룬다. 내가 인터뷰 전문 기자로서 어떤 질문이 좋은 질문인지 고민할 때마다 소크라테스의 어휘를 다시 읽으며 되새기곤 한다. 그가 던지는 질문들은 단순한 정보 탐색이 아니라, 상대방의 내면을 깊이 파고드는 힘이 있다. 이러한 대화 방식은 현대 사회에서도 중요한 커뮤니케이션 기술로 여겨진다.

『국가론』은 단순히 정치적 이론을 제시하는 것이 아니라, 우리 각자가 어떻게 살아야 할지를 고민하게 만드는 작품이다. 현대 사회에서 우리가 마주치는 여러 문제에 대해 깊이 있는 사고를 유도하며, 독자가 자신의 정체성과 삶의 목적을 돌아보게 한다. 플라톤의 『국가론』을 통해 독자는 정치, 교육, 그리고 사람 간의 관계에 대한 깊은 통찰을 얻을 수 있을 것이다. 이 작품은 단순히 읽는 것을 넘어, 우리 삶에 적용할 수 있는 귀중한 교훈을 제공한다. 그러므로 『국가론』을 읽고, 그 속에서 개인과 사회, 국가의 관계를 깊이 고민해보기를 권한다.

"국가의 정의란, 각자가 맡은 일을 제대로 수행할 때 이루어진다"
- 플라톤, 『국가론』 중

무너질 때마다 나를 일으켜 세운
『국가란 무엇인가』

유시민 작가

　대한민국 대통령이라는 직업은 세계에서 가장 끔찍한 직업 중 하나라고 해도 과언이 아니다. 감옥에 가거나, 스스로 목숨을 끊거나, 탄핵당하는 이들을 보면, 도대체 이게 나라가 맞나 싶기도 하다. 대통령이 5년을 마치고 나면 그 주변은 풍비박산이 나고, 마치 한 편의 비극을 보는 듯하다. 그래서인지, 많은 이들이 정치에 대한 회의감을 느끼고, '국가란 무엇인가'라는 질문을 던지게 된다. 이 질문에 대한 해답을 제공하는 유시민 작가의 『국가란 무엇인가』는 정치와 사회에 대한 깊은 통찰을 담고 있는 책이다. 그는 경제를 전공하고, 국회의원, 보건복지부 장관으로서 실무 경험을 쌓았으며, 현재는 작가로서의 길을 걷고 있다. 국가란 무엇인가는 단순한 정치론을 넘어서, 국가의 본질과 시민의 역할에 대한 깊은 성찰을 이끌어낸다.

책의 첫 질문은 "국가란 무엇인가?"이다. 단순한 질문 같지만, 그 답을 찾기 위해 우리는 여러 철학자들의 사유를 살펴봐야 한다. 예를 들어, 앞서 언급한 플라톤은 '국가'를 정의하는 데 있어 정의로운 사회를 구현하기 위한 장치로서 바라보았다. 그는 국가가 공동체의 이익을 위해 존재해야 하며, 그래야 시민들이 조화롭게 살아갈 수 있다고 주장했다. 아리스토텔레스는 국가를 인간의 본성과 사회적 계약으로 바라보았고, 그는 국가가 인간이 가장 완전한 존재로 성장할 수 있도록 돕는 역할을 해야 한다고 보았다. 그리고 홉스는 국가를 생존을 위한 필수불가결한 기구로 이해하며, '리바이어던'에서 강력한 중앙 권력을 통해 무질서를 방지해야 한다고 역설했다.

세계적인 석학이 주장했듯, 국가란 여러 사회적 약속에 의해 묶인 집단이다. 하지만 우리가 국가에 기대는 만큼, 때로는 국가가 시민을 낭떠러지로 밀기도 한다. 전쟁, 범죄, 복지의 사각지대 등 다양한 문제를 겪으면서, 시민의 안전을 책임져야 하는 국가가 제 역할을 못할 때가 많다. 유 작가는 이러한 국가의 양면성을 진지하게 탐구한다. 그는 우리가 더 잘 살기 위해 묶인 집단이지만, 그 과정에서 발생하는 갈등과 고통을 간과해서는 안 된다고 강조한다. 또한, 유 작가는 우리 사회가 걸어온 길을 돌아보게 한다. 일제강점기, 한국전쟁, 이승만 독재, 군부 독재를 거치며, 우리는 정치뿐만 아니라 경제와 사회 또한 급변하는 과정을 겪었다. 이 과정에서 자연스럽게 세대 간 갈등이 심화되었고, 오늘날에도 여전히 존재하는 문제로 남아있다. 뉴스에서 매일 접하는 다양한 사회적 이슈들은 단순히 정치적 문제가 아니라, 국가와 시민 간의 복잡한 관계에서 파생된 것임을 깨닫게 된다.

내게 『국가란 무엇인가』는 당연하게 여겼던 국가의 존재가 얼마나 많은 고민과 성찰을 필요로 하는지를 깊이 새길 기회였다. 유 작가의 글은 내가 국가에 대해 무심코 지나쳤던 부분들을 다시 생각하게 만들고, 국가의 역할과 책임을 깊이 고민하게 만든다. 국가가 나를 힘들게 할 수도 있지만, 동시에 나와 주변을

묶어주는 존재라는 사실을 인식하게 된다. 『국가란 무엇인가』는 단순히 정치적 이론이나 역사적 사실을 나열하는 것이 아니다. 오히려 독자가 스스로 질문을 던지고, 그에 대한 답을 찾는 과정을 통해, 국가와 시민의 관계를 재조명하게 만든다. 유 작가는 독자가 각자의 삶에서 국가의 역할을 어떻게 이해하고, 어떻게 행동해야 하는지를 고민하게 하는 데 초점을 맞춘다. 독자가 단순한 수동적인 독자가 아닌, 능동적인 사고의 주체로 거듭나게 한다. 우리가 국가를 바라보는 시각을 변화시켜주는 중요한 책을 통해, 유 작가는 복잡한 사회적 문제를 간결하고 명쾌하게 풀어내며 독자가 자신의 정체성과 사회적 역할을 다시 생각하게 만든다. 독자는 국가의 본질을 이해하고, 그 속에서 자신의 위치를 찾는 데 큰 도움이 될 것이다. 나 또한 여러분이 국가와 사회를 바라보는 방식을 정립할 귀중한 안내서를 읽었으면 한다. 그러므로 이 책을 읽고, 국가에 대한 깊은 성찰과 함께, 오늘날 우리가 처한 현실을 새롭게 이해해보기를 권한다. 여러분에게 큰 통찰을 선사할 것이다.

> "우리는 국가를 선택한 적이 없다. 다만 그 안에서 살아가며,
> 어떤 국가를 만들 것인지 선택할 뿐이다"
> - 유시민, 『국가란 무엇인가』 중

내 우울의 정체를 꿰뚫게 한
『불안』

우울증은 현대사회의 고질병처럼 우리 곁에 자리 잡고 있다. 세계 보건 기구에 따르면, 전 세계적으로 약 3억 5천만 명이 우울증을 앓고 있으며, 특히 대한민국에서는 성인 10명 중 1명이 우울증을 경험하고 있다. 이렇듯 우리 사회는 정신 건강 문제와 함께 살아가고 있으며, 이는 개인의 삶뿐만 아니라 사회 전체에도 심각한 영향을 미친다. 직장 내 스트레스, 대인 관계의 갈등, 그리고 불확실한 미래에 대한 두려움은 모두가 공감할 수 있는 주제이기도 하다. 우울증으로 삶에 지친 이들이 많은 요즘 시기에, 알랭 드 보통의 『불안』은 마치 불안의 정체를 탐구하는 탐정 소설 같다. 나는 이 책을 읽던 시점이 군대 제대 후 20대 후반을 바라보는 시점이었고, 자격증도, 경력도 없는 상태에서 '앞으로 뭘 해 먹고 살아야 하나?'라는 고민에 빠져 있었다. 그래서 불안이라는 주제를 다룬 이 책이 내게 필요한 책이라 느겼다. 하지만 과연 이 책을 읽고 내 인생이 단번에 바뀌었을까? 반은 맞고, 반은 틀렸다. 책 한 권이 내 삶을 바꿀 수는 없지만, 적어도 불안의 근본 원인을 깨닫게 해주었다.

알랭 드 보통은 불안을 이렇게 정의한다. '당신의 불안은 당신이 이루지 못하는 것, 이루기 힘든 것, 이루어도 기쁘지 않은 것을 이루고 싶기에 찾아오는 것'이라고 말이다. 이 말은 마치 불안이라는 괴물이 내 머릿속에 숨겨져 있다가, 내가 터무니없는 목표를 세우는 순간 튀어나오는 것과 같다. 예를 들어, "세상 모든 사람에게 사랑받고 싶다"는 목표는 마치 모든 사람의 입맛을 맞춘 음식을 만드는 것과 같다. 불가능한 목표를 세운 순간부터 불안이 시작된다.

그렇다면 '이루기 힘든 목표'는 어떤 것일까? 대기업 회장이 되고 싶다거나 대통령이 되고 싶다는 목표는, 말하자면 높은 산 정상에 오르겠다는 것과 같다. 하지만 그 산이 얼마나 험한지, 얼마나 많은 장애물이 있는지를 간과한 채 목표를 세우면, 결국 패배감에 휩싸이게 된다. 이처럼 무리한 목표는 불안의 씨앗을 뿌리는 것이다. 마지막으로 '이루어도 기쁘지 않은 목표'는 재미있는 패러독스를 만들어낸다. 돈을 많이 벌고 싶다는 목표는, 마치 "나는 매일 초콜릿을 먹고 싶다"라고 말하는 것과 같다. 하지만 그 기준이 뚜렷하지 않기 때문에, 1억을 벌면 2억을 원하고, 3억을 벌면 5억을 원하게 된다. 결국, 이 목표는 영원히 만족스럽지 않게 된다. 가까운 목표를 이뤄도 또 다른 목표가 생기니 불안이 사라지지 않는다.

내가 20대 후반을 바라보며 느낀 불안은, 결국 잘못된 목표와 잘못된 사고에서 비롯된 것이었다. 만약 30대 후반의 내가 지금의 나를 본다면, 아마 이렇게 말할 것이다. "그때는 뭘 해도 할 수 있을 것만 같았거든. 사실 그때가 좋았어." 불안이 사라지자 내 마음의 평화도 찾아왔다.

그러니 여러분도 마음이 불안하다면 꼭 알랭 드 보통의 『불안』을 읽어보길 바란다. 이 책은 당신의 삶을 바꾸지 못할지라도, 적어도 불안의 근본 원인을 찾는 데 큰 도움이 될 것이다. 우리가 '어떻게'를 몰라도, '왜'는 궁금한 사람들이니까 말이다. 불안이라는 감정은 누구에게나 존재하지만, 그 감정을 이해하고 다루는 방법은 이 책을 통해 배울 수 있다. 결국, '불안'은 단순한 감정이 아니라, 우리가 사회에서 어떻게 살아가고 있는지를 반영하는 거울과도 같다. 알랭 드 보통은 이 책을 통해 우리의 불안을 진지하게 바라보게 만든다. 당신이 느끼는 불안은 혼자가 아니라는 것을 깨닫고, 그 속에서 자신을 찾는 여정을 시작할 기회를 제공한다. 불안을 통해 마음의 짐을 덜고, 더 나은 내일을 위해 한 발자국 나아가기를 권한다.

"불안은 우리가 다른 사람들의 시선을 지나치게 의식할 때 시작된다"
– 알랭 드 보통, 『불안』 중

'난 잘 살고 있는 걸까?'
『차라투스트라는 이렇게 말했다』

　니체는 진정 괴짜인가? 그가 "신은 죽었다"라고 외칠 때, 종교의 힘이 막강했던 시절이었다. 그런 시기에 근본 자체를 부정하는 발언은 마치 바람에 맞서 나무를 흔드는 것과 같았다. 사람들은 발언에 놀라워했고, 그는 스스로 코페르니쿠스를 언급하며 우매한 대중을 비난했다. 권력자들과 종교인들에 대한 비판 역시 서슴지 않았다. 도대체 니체는 어떤 사람일까? 니체는 19세기 독일의 철학자로, 그의 삶은 마치 한 편의 드라마와도 같다. 생각해보라. 그의 고향은 작은 도시로, 어릴 적부터 그의 머릿속에는 남다른 생각이 넘쳐났다. 학교에선 친구들보다 더 많은 질문을 던졌고, 그 질문들은 종종 교사들을 당황하게 만들었다. 그러다 보니 "니체는 괴짜"라는 평판이 따라다니게 되었고, 그의 철학적 사유는 주류 철학자들에게는 이해되지 않았다. 결국 그는 고전 철학의 거장들, 즉 소크라테스와 플라톤의 그림자 속에서 자신의 길을 찾으려 했다. 결국, 그는 1883년 『차라투스트라는 이렇게 말했다』를 출간하게 된다. 이 책은 그가 인생의 고뇌와 철학을 녹여낸 결과물로, 그의 사상은 지금도 여전히 많은 이들에게 영향을 미치고 있다.

니체는 괴짜 철학자이기에 자신의 안위만을 챙겼을 것 같지만, 전혀 그렇지 않다. 그가 죽은 지 100년이 훌쩍 넘었음에도 지금까지 그의 이름이 오르내리는 것은 그가 내세운 삶의 방식이 틀리지 않았음을 증명한다. 니체는 우리의 삶의 목표가 '위버맨쉬'여야 한다고 주장했다. 이 독일어 단어는 우리 말로는 '초인'이라는 뜻인데, 이게 영화에서 나오는 초능력자 같은 존재를 말하는 것이 아니다. 니체가 말한 초인은 사회의 가치를 그대로 따르지 않고, 자신의 의지로 원하는 가치를 창조하며 스스로의 삶을 개척하는 자를 의미한다. 지금 우리가 당연하게 여기는 '위버맨쉬'의 길은, 전체주의가 팽배했던 당시 상황 속에서 혁명과도 같은 주장이었다. 개인은 다수에 의해 목소리를 내지 못했고, 절제하고 청렴한 삶이 기본이었다. 니체는 평범한 삶을 사는 것이 아니라, 스스로의 만족을 추구하는 삶을 목표로 해야 한다고 강조했다. 21세기의 대다수가 고개를 끄덕일 주장 아니겠는가? 더불어 니체는 예상외로 '윤회'를 주장했다. 동양의 종교에서 언급하는 윤회를 서양의 철학자 니체가 말한 것이라고? 사실 자세히 보면 그 뜻은 다르다. 동양의 윤회는 영혼이 무한히 죽고 새로 태어나며 우주에 속하는 것이지만, 니체가 주장한 윤회는 우리가 지금 겪는 이 시간이 무한히 반복된다는 것이다. 그는 위버맨쉬가 되기 위해서는 무한히 반복하는 윤회를 이겨내야 한다고 말했다. 니체의 윤회는 1초가 영겁과도 같다. 우리 삶은 무한히 반복되니, 그렇다면 우리는 지금 이 순간을 최선을 다해 살아야 한다. 미루지 말고 '당장 실행'해야 한다. 지금을 바꾸면 그 다음 윤회가 바뀔 것이고, 그렇게 하나하나 바꾸면 내가 속한 윤회의 틀이 크게 바뀌는 것이다. 참, 지금 시대에 중요한 말 아닌가? 내일이 아닌, 오늘을 살라는 메시지다!

사실 『차라투스트라는 이렇게 말했다』는 니체의 위버맨쉬와 윤회의 철학만이 담긴 것이 아니다. 이 책은 그가 바라본 사회, 국가, 종교, 삶의 문제를 과감히 지적하고 비판했다. 그는 현대 사회에서 우리가 당연하게 여기는 것들에 대해 의문을 제기하며, 그 속에서 진정한 인간의 삶을 찾으려 했다. 니체가 바라본 세상이 궁금하다면 꼭 『차라투스트라는 이렇게 말했다』를 읽어보길 바란다. 이 책은 단순한 철학서가 아니라, 우리에게 깊은 사유의 기회를 제공하는 작품이기 때문이다.

니체의 『차라투스트라는 이렇게 말했다』는 단순한 글이 아니다. 독자에게 삶의 목적과 방향성을 제시하는 안내서이자, 우리가 누구인지에 대한 깊은 질문을 던지는 철학적 여정이다. 니체의 사상을 통해 여러분은 자신이 속한 사회를 돌아보고, 그 안에서 나만의 길을 찾아가는 데 큰 도움이 될 것이다. 그러니 이 책을 통해 삶의 의미를 다시 한 번 되새겨 보길 바란다.

"자기 자신에게 충실하라. 그리하면 너는 네 별을 따르게 될 것이다"
– 프리드리히 니체, 『차라투스트라는 이렇게 말했다』 중

우리의 슈퍼 히어로
『전태일 평전』

짧게 팟캐스트를 운영한 적이 있다. 다양한 지식과 사회적 논쟁을 이야기하는 방송이었는데, 내가 준비한 주제는 '전태일'이었다. 당시 나를 포함한 진행자 4명은 모두 20대 중반의 남성이었고, 비슷한 교육과정을 거쳤으며, 크게 다르지 않은 삶과 생각을 지닌 이들이었다. 나는 전태일이 현대사에서 무척 중요한 인물이라 생각하고 주제를 준비했지만, 다른 진행자는 전태일이 누군지도 잘 몰랐다. "정치적 인물 아니냐?"라는 질문이 돌아왔다. 하지만 방송이 끝나고 나자 모두가 내게 말했다. "전태일이 이런 사람인 줄 몰랐다", "진정 전태일은 위인이다"라고. 아마 이 글을 읽는 독자들도 전태일이 어떤 사람인지 잘 모를 것이다. 그는 무엇을 했고, 어떤 삶을 살았으며, 무엇을 위해 자신의 몸에 불을 질렀는지 말이다. 이번에는 전태일 이야기에 집중하도록 하겠다.

전태일은 1945년, 가난한 집에서 태어났다. 아버지와 어머니는 힘들게 생계를 이어가고 있었고, 아랫동생은 밥 달라고 땡깡을 부리며 일찍이 일을 나설 수밖에 없었다. 사실 그는 공부가 하고 싶었다. 공부에 대한 욕심이 컸고, 머리도 좋았다. 아버지가 공부할 시간에 일하라고 욕하고 때려도, 그는 몰래 숨겨놓은 책을 읽으며 배움의 욕구를 키웠다. 학교에 다닐 수 없었던 그는 봉제공장에서 일하게 된다. 처음에는 밑바닥 조수로 시작했지만, 그는 성실하게 일하며 중요한 역할까지 올라갔고, 꽤 괜찮은 돈을 벌게 되었다. 돈이 생기면 사치를 부리고 여유를 만끽할 수 있었지만, 전태일은 자신보다 더 가난한 동료들을 챙겼다. 그들의 끼니를 챙겨 주고, 그 대가로 본인은 버스를 포기하고 집까지 2시간이나 걸어갔다. 하루에 14시간 이상을 노동하며 말이다.

그러나 전태일은 노동환경이 잘못되었다는 것을 깨달았다. 본인만 먹고살고자 했다면 모른 척 눈을 감았겠지만, 그의 동생뻘인 동료들이 고통받는 모습을 보며 맞서 싸우기로 결심했다. 그는 한자로 된 근로기준법을 읽기 위해 매일 밤 사전을 뒤적이며 공부했다. 회사에서 잘리고, 윗선에서 압박이 들어와도 굴하지 않았다. 그리고 결국, 자신의 목소리가 통하지 않자, 스스로 몸에 불을 지르며 "근로기준법을 준수하라"고 외쳤다. 그의 마지막 행동은 단순한 자살이 아닌, 노동자들의 권리를 위한 절규였다.

　전태일의 일대기를 보면, 20대 젊은이가 어찌 저리 대단한 사명감을 갖고 행동했는지 의문이 든다. 나 또한 '전태일 평전'을 읽으며 '나는 세상을 위해 몸을 던질 수 있을까?' 고민했다. 답은 '그럴 수 없다'였다. 남보다 내가 더 중요하니 말이다. 전태일은 영웅이자, 슈퍼히어로다. 히어로 영화에서 자신을 희생해 타인을 구하는 것처럼, 전태일은 자신의 몸을 던져 수많은 노동자의 근로 환경을 바꾸었다. 그 어떤 이가 자신을 불태움으로써 남겨진 사람을 위할 수 있단 말인가? 너무도 일찍이 떠난 그를 보며 후회하고 반성했다. 난 나만을 위해 사는 게 아닌가? 진정으로 내가 꿈꾸는 삶은 무엇인가?
　여러분이 꿈꾸는 대한민국이 진정으로 좋은 나라가 되기 위해, 혹은 아직 부족한 근로 환경이지만, 이마저 갖추게 해준 전태일을 위해 이 책을 읽어보는 건 어떨까? 전태일의 삶을 통해 우리는 단순히 노동의 의미를 넘어, 인간으로서의 존엄과 권리를 다시 한번 생각하게 된다. 그의 삶은 우리에게 중요한 교훈을 던진다. 전태일 평전은 단순히 그 한 사람의 이야기가 아니다. 그것은 우리 사회의 구조와 노동자의 권리에 대한 깊은 통찰을 제공하는 책이다. 이 책을 통해 우리는 전태일이 왜 그토록 중요한 인물인지 깨닫게 되고, 그가 남긴 메시지가 지금도 여전히 유효하다는 것을 알게 된다. 그러니 전태일 이야기를 통해 그의 삶과 싸움을 이해하고, 나아가 우리 사회가 나아가야 할 방향에 대해 다시 한번 고민해 보기를 바란다. 전태일의 의지가 우리의 현재와 미래에 어떤 영향을 미칠 수 있을지, 생각해 보길 바란다.

"근로기준법을 지켜라. 우리는 기계가 아니다"
- 전태일, 『전태일 평전』 중

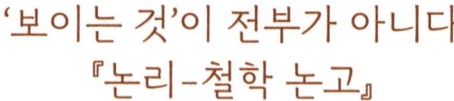

'보이는 것'이 전부가 아니다
『논리-철학 논고』

    루트비히 비트겐슈타인, 이름부터 멋진 이 철학자는 그의 삶 자체가 한 편의 드라마와도 같다. 그의 가족사는 복잡한 배경을 지녔고, 아버지는 산업재벌이었으며, 어머니는 유태인 가정의 딸이었다. 이런 배경 속에서 그는 어린 시절부터 뛰어난 두뇌를 인정받았지만, 삶은 그에게 여러 고난을 안겼다. 그는 1차 세계대전 중에 군 복무를 하면서, 전선에서의 경험을 통해 인생의 본질에 대해 깊이 고민하게 되었다. 전쟁의 잔혹함 속에서 그는 『논리-철학 논고』를 집필하게 되었고, 이 책은 철학계에서 엄청난 반향을 일으키며 일종의 혁명으로 여겨졌다. 그의 사상은 당시의 철학적 논쟁을 끝내고 새로운 지평을 열었다. 비트겐슈타인은 전후에도 고난의 연속이었다. 그는 철학자로서의 명성을 얻었지만, 개인적인 삶은 고독과 불안으로 가득 차 있었다. 말년에는 가르침을 통해 제자들에게 자신의 사상을 전파하고자 했지만, 결국 그는 평생의 고통과 고독 속에서 세상을 떠났다. 그의 인생 이야기는 마치 영화의 한 장면처럼, 한 순간도 긴장을 늦출 수 없는 역경의 연속이었다.

『논리-철학 논고』를 읽으려는 나의 시도는 시작부터 난관에 부딪혔다. 이 책은 너무도 어려웠다. 책은 문장의 형태가 아닌 수식어의 모습으로 가득 차 있어, 도대체 무슨 말을 하는지 도통 이해할 수 없었다. 하지만 그럼에도 불구하고 비트겐슈타인이 남긴 단 한 문장은 내 마음속에 깊이 새겨졌다. "말할 수 없는 것에 대해서는 침묵하라." 도대체 무슨 뜻일까? 말을 잘 못한다면 입을 다무는 것이 맞다는 걸까?

우선, 비트겐슈타인은 세상을 보이는 것과 보이지 않는 것으로 나눌 수 있다고 주장했다. 보이는 것은 집, 비행기, 자동차, 바나나, 책이 있다. 이렇게 보이는 것들은 명확한 명칭을 부여할 수 있으며, 새롭게 발견된 무언가에도 우리는 공통된 명칭을 붙일 수 있다. 다만, 언어만 다르면 소통이 어려울 뿐이다. 하지만 보이지 않는 것에 대해서는 명확한 명칭을 부여할 수 없다. 예를 들어 '사랑'이 무엇인지 이야기해보자. 어떤 이는 연인 간의 사랑을 떠올릴 것이고, 또 다른 이는 부모가 자식에게 주는 사랑을 언급할 것이다. 사랑의 형태는 각자 다르기 때문에, 우리는 그 본질을 명확히 정의하기 어렵다. 비트겐슈타인은 이 점을 날카롭게 지적했다. 철학은 보이지 않는 것을 탐구하는 학문이다. 삶이 무엇인지, 죽음 이후에 어떻게 되는지, 아름다움이란 무엇인지 말이다. 비트겐슈타인은 한마디로 정리한다. "너희는 말할 수 없는 것에 대해서는 침묵해야 한다." 이 말은 결국, 진정한 이해와 소통을 위해서는 보이지 않는 것에 대한 과도한 논쟁을 피하라는 메시지다.

비트겐슈타인의 주장은 철학계의 많은 논쟁을 조용히 마무리 지었다. "정답은 없다"는 그의 주장은, 보이지 않는 것이 보이기 전까지는 우리는 절대 정답을 알 수 없다는 사실을 일깨워준다. 그렇다고 철학이 쓸데없다는 것이 아니다. "침묵하라"고 해서 철학적 사유를 멈추라는 것이 아니다. 오히려 보이지 않는 것에 대한 탐구는 더욱 깊어야 하며, 그 과정에서 발생하는 논쟁의 방향이 잘못되었음을 지적한 것이다.

비트겐슈타인을 알게 되었을 때, 나는 철학에 푹 빠져 있었다. 무엇이 정답인지 갈구하던 내게 그의 한 마디는 뒤통수를 세게 후려쳤다. '아, 정답을 찾던 나는 완전 바보 같았구나'라고 깨닫게 된 것이다. 지금도 사람들은 여전히 '보이지 않는 것'에 대해 싸우고 있다. 네가 틀렸고, 내가 맞다며 말이다. 그런데 보이지 않는데 어떻게 맞고 틀린 걸 알 수 있는가? 다만 우리가 더 잘 살기 위해서 하는 논의 아닌가? 비트겐슈타인의 조언을 귀담아 듣고, 보이지 않는 것을 대하는 자세를 바꿔야 할 것이다.

비트겐슈타인의 『논리-철학 논고』를 통해 독자는 불확실한 것에 대한 두려움을 덜고, 보이지 않는 것에 대해 더 깊이 고민할 수 있다. 그러므로 비트겐슈타인의 철학을 탐구해보길 권한다. 그의 사상은 지금도 여전히 우리에게 중요한 질문을 던지고 있으니 말이다.

"말할 수 없는 것에 대해서는 침묵해야 한다"
– 비트겐슈타인, 『논리-철학 논고』 중

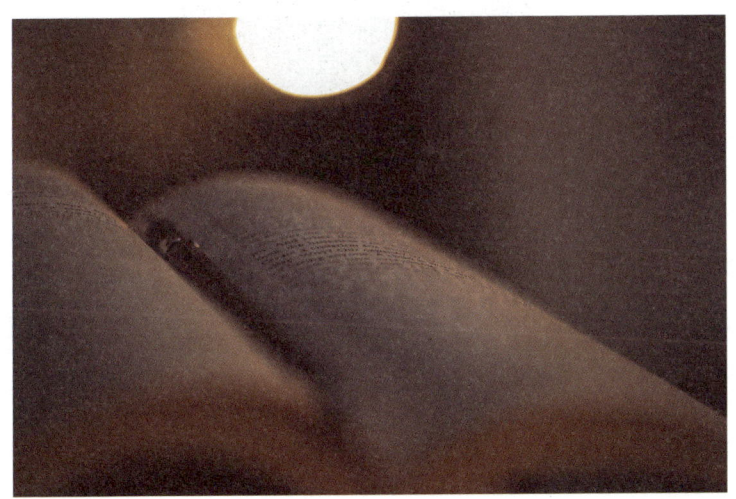

타인을 향한 따뜻한 시선
『시골 의사의 아름다운 동행』

시골의사 박경철 작가

어릴 때부터 의학 드라마를 좋아했다. 병들어 아픈 환자를 치료하고, 곧 죽을 것 같은 환자를 살려내는 모습을 보며 의사가 진정한 히어로라는 생각이 들었다. 그때 나는 '사람과 세상을 돕는 히어로가 되고 싶다'는 막연한 꿈을 꿨다. 하지만 시간이 지나면서 그 꿈은 현실에 부딪혔다. 의사들이 처한 사회적 문제와 현실적인 고충을 깨닫게 되었기 때문이다. 사람을 살리는 히어로가 사실은 서비스업에 종사하듯 환자의 비위를 맞추느라 고생하고, 진상 환자들로 인해 고뇌하는 모습을 보며 내 꿈은 사라졌다. 특히 이국종 교수의 이야기를 보면서 현실적인 히어로의 모습을 발견했다. 그는 외상외과의 대표 의사로서 병원 안에서 벌어지는 정치적 문제와 주변 민원으로 괴로워하는 모습을 보여주었다. 이런 현실을 마주하며, 나는 의사라는 직업이 단순히 사람을 구하는 것만이 아니라는 사실을 깨달았다.

그런 의미에서 박경철 작가의 『시골 의사의 아름다운 동행』은 현직 의료인의 고충과 고뇌를 온전히 이해할 수 있는 책이다. 저자는 인턴과 레지던트 시절, 밤낮없이 병원에서 살며 컵라면 하나 먹을 수 없는 시간을 견뎌내고, 결국 자신의 병원을 개원하여 시골 의사로서 살아가게 된다. 그의 시골 의사 생활은 정말 웃프다. 시골에서 병원을 운영하면서 겪는 다양한 에피소드는 그 자체로 사람의 심리와 사회적 문제를 깊이 있게 탐구하게 만든다.

예를 들어, 노년의 환자들을 주로 만나게 되는 시골의사로서의 삶을 통해 그는 약값이 전액 국가에서 지원되기 때문에 먹지 않고 버려지는 약이 많다는 이야기를 전한다. 이를 알고 하루치 약값을 100원씩 받으니 환자들이 약을 소중히 챙겨 먹었다는 에피소드는 사람의 심리를 잘 보여준다. 이런 작은 에피소드가 단순한 일상처럼 보일지 모르지만, 그 안에는 사람들의 마음을 이해하고 문제를 해결하려는 저자의 진정성이 담겨 있다. 또 다른 에피소드는 치매에 걸린 할머니가 손자를 살해한 사건이다. 부모가 치매 초기인 할머니에게 어린아이를 맡겼지만, 치매가 급격히 진행된 할머니는 팔팔 끓는 솥에 손자를 넣고 곰국을 끓였다. 이 사건의 끔찍함은 말로 다 할 수 없지만, 이런 사건을 접하지 않았다면 치매 노인에 대한 생각과 정책을 깊이 고민하기 어려웠을 것이다.

나는 나를 변화시킨 책들이 고전 인문서이거나 방대한 내용을 정리한 인문서라고 생각했다. 그러나 박경철 작가의 이 책은 하나하나의 에피소드를 통해 세상을 경험하고, 생각지도 못한 부분을 고민할 수 있게 해준다. 병원과 의사는 매일을 전쟁터에서 보내며 생사를 오가는 상황 속에 있다. 이런 압축된 이야기를 통해 우리는 삶의 복잡성과 그 속에서의 인간의 본질을 다시금 생각하게 된다.

박경철 작가의 『시골 의사의 아름다운 동행』은 단순히 의사의 삶을 다룬 책이 아니다. 그것은 우리가 어떻게 사람을 대하고, 어떤 태도로 삶을 바라봐야 하는지를 고민하게 만드는 작품이다. 그의 솔직한 이야기와 뛰어난 필력은 독자에게 깊은 감동을 주며, 우리 사회의 다양한 문제를 다시 생각해보게 만든다. 독자는 이 책을 통해 우리는 의료 현장의 고충을 이해하고, 그 속에서 진정한 인간애가 무엇인지 깨닫게 된다. 박경철 작가의 이야기를 통해 세상을 바라보는 시각이 한층 넓어질 것이며, 우리는 그 속에서 더 나은 삶을 위한 지혜를 얻을 수 있다. 그러므로 이 책을 통해 시골 의사의 삶과 그 속에서 피어나는 사랑과 고뇌를 경험해보기를 권한다.

"사람은 상처를 견디며 성장하고,
서로의 아픔을 어루만지며 성숙해진다"
— 박경철, 『시골 의사의 아름다운 동행』 중

상처받은 나를 이해하고 안아준
『당신이 옳다』

심리상담가 정혜신 작가

우연히 듣게 된 라디오 인터뷰에서 심리 상담가 정혜신 작가의 신간 『당신이 옳다』를 알게 되었다. 이 책은 명절을 맞아 가족의 사랑을 다루지 않고, 오히려 누구나 갖고 있는 상처와 트라우마를 어떻게 대하고 이겨낼 수 있는지에 대한 이야기를 담고 있어 더욱 흥미롭게 다가왔다. 정 작가는 세월호 유가족의 트라우마 치료로 유명하며, 사람들의 마음 깊숙한 곳을 이해하려 애쓰는 모습이 인상적이었다. 이 책은 단순히 아픈 마음을 위로하는 것을 넘어, 진정한 치유의 과정을 보여준다.

책 제목인 '당신이 옳다'는 매우 단순하면서도 강력한 메시지를 내포하고 있다. "당신은 누구이고, 무엇이 옳은 걸까?"라는 질문을 던지며 독자에게 자기 자신을 돌아보게 만든다. 우선, 당신은 '나'라는 존재이다. 그리고 내가 옳다는 것을 인식하는 것이 중요하다. 이 말은 독자에게 동기부여를 주고 자신감을 부여한다. 그러나 그 옳음은 어떤 근거에서 비롯될까? 정 작가는 이 질문에 대한 답을 명확히 제시한다. 첫째, 그는 트라우마에 싸인 이들의 문제를 해결하려 하지 않는다. 그 대신, 오직 듣는 것에 집중한다. 진정한 경청이 진단과 치료의 첫걸음이라는 것을 강조하며, 상대방의 이야기를 귀 기울여 듣는 것이 얼마나 중요한지를 세심하게 설명한다.

예를 들어, 세월호 유가족의 한 어머니가 상담을 받으러 왔을 때, 그녀는 "사고 당하고 6개월이 지났는데도 너무 힘들고 슬퍼요. 가만히 있는데도 눈물이 주르륵 흘러요"라고 토로했다. 정 작가는 그녀의 이야기를 듣자마자 화를 내며 반문했다. "세상에!

6개월 전만 해도 멀쩡히 살아 있던 내 자식이 떠났는데, 그런 감정을 느끼지 않으면 그게 엄마에요?"라고 말이다. 정 작가의 위로는 뻔한 위로와 달리, 상대의 고통을 진지하게 받아들인다. 최선을 다해 상대의 이야기를 듣고, 궁금한 것과 하고 싶은 말을 솔직히 표현한다. 진정한 위로는 이렇게 상대의 감정을 존중하고 이해하는 데서 시작된다고 보여주듯이 말이다. 정 작가는 위로하는 법도 알려줬다. 그는 '충-조-평-판'을 하지 말라고 했다. 각각 충고, 조언, 평가, 판단이다. 상대가 요구하지도 않았는데 내 마음대로 충고하지 말고, 함부로 조언하지 말고, 멋대로 평가하지 말고, 섣부르게 판단하지 말라는 것이다. 이 4가지만 지켜도 상대를 잘 위로할 수 있다.

그렇다면 정 작가가 말하는 '당신이 옳다'는 무엇을 의미할까? 이 말은 감정에 대한 깊은 이해를 내포하고 있다. "당신(의) (감정은) 옳다"라는 뜻이다. 화나거나, 슬프거나, 우울하거나, 기쁜 감정은 누구에게나 자연스럽게 나타나는 것이다. 감정은 절대 틀리지 않으며, 잘못되지 않았다. 문제는 감정에 이은 행동이다. 따라서 감정이 왜 나왔는지를 깊이 들여다보고, 끊임없이 질문해야 한다. 그러면 비로소 감정이 발생한 이유를 알게 되고, 한층 가벼워짐을 느낄 수 있게 된다.

이 책은 단순한 인문서적에 그치지 않는다. 상대는 위로해도 나를 위로할 줄 몰랐던 20대 남성인 내게 '당신이 옳다'는 감정을 깨닫고 스스로를 위로하는 방법을 알려주었다. 힘든 순간에 어떻게 이겨내야 할지 모를 때, 나는 스스로 질문하고 끝내 깨달았다. 이 책 덕분에 감정의 중요성을 인식하고, 이를 통해 성장할 수 있는 기회를 가지게 되었다.

정혜신 작가의 '당신이 옳다'는 우리 모두에게 필요한 감정에 대한 깊은 이해를 제공한다. 이 책을 통해 우리는 자신을 더욱 잘 이해하고, 타인을 존중하며, 진정한 치유의 과정을 경험할 수 있을 것이다. 감정의 무게를 가볍게 하고, 삶의 질을 높이기 위한 첫걸음으로 이 책을 읽어보는 것을 추천한다. 당신의 마음 속에 자리한 감정이 어떤 것이든, 그 모든 것이 옳다는 것을 깨닫게 해 줄 것이다.

> "상처 입은 사람에게 필요한 건 조언이 아니라,
> 그저 '당신이 옳다'는 한마디다"
> – 정혜신, 『당신이 옳다』 중

지식의 숲을 걷게 한
『지적 대화를 위한 넓고 얕은 지식』 시리즈

정말 많은 사람들이 지식의 바다에서 헤매고 있다. 그 속에서도 채사장의 『지적 대화를 위한 넓고 얕은 지식 시리즈(이하 지대넓얕)』는 길잡이 역할을 톡톡히 해낸다. 이 책은 단순한 지식의 나열이 아니라, 우리가 살아가면서 꼭 알아야 할 것들을 알기 쉽게 풀어내어 많은 이들에게 사랑받고 있다. 특히, 이 책은 다양한 주제를 다루며, 독자에게 흥미를 유발하고 깊이 있는 사고를 촉진한다.

내가 이 책을 처음 만난 것은 대학교 2학년 때였다. 그때는 지식에 대한 갈증이 컸고, 알고 싶은 것도 배우고 싶은 것도 많았다. 독서를 통해 성장하고자 했던 나는 '지대넓얕'을 발견하게 되었고, 그 매력에 푹 빠졌다. 이 책은 정치, 경제, 사회의 기본적인 용어와 상식을 정확히 안내하며, 내가 그동안 궁금해했던 것들을 명쾌하게 정리해주었다. 예를 들어, 진보와 보수가 무엇인지, 자본주의와 공산주의의 차이는 무엇인지 '난생 처음' 알게 되었다. 학교에서는 제대로 알려주지 않는 지식을 너무도 알기 쉽게 설명해주니, 마치 수업 시간에 교수님이 직접 가르쳐 주는 듯한 기분이었다. '지대넓얕 1편'은 거시적인 지식에 대한 탐구로 가득 차 있었고, 나에게는 정말 유익한 시간이 되었다. 하지만 2편은 다소 어려웠다. 1편이 사회적이고 정치적인 주제를 다루었다면, 2편은 미술, 종교, 철학 등 더 미시적인 세계를 탐구했다. 21살의 나는 1편이 더 좋았던 기억이 있다. 당시에는 심리적으로도 더 친숙하게 느껴졌으니 말이다.

시간이 흐른 뒤, 나는 우연히 팟캐스트 '지대넓얕'을 접하게 되었다. 이 팟캐스트를 듣게 된 이유는 과거에 지대넓얕 책을 읽고 많은 도움이 되었기 때문이다. 이동하거나 운동할 때 효율적으로 시간을 쓰고 싶었던 나는, 팟캐스트가 큰 도움이 될 것이라 확신했다. 그리고 내 생각은 적중했다. 팟캐스트를 통해 다양한 주제를 다루며, 지식을 더욱 넓힐 수 있었다. '지대넓얕 0(제로)' 시리즈가 나오고 나서는 단숨에 구매했다. 제로는 1편과 2편과는 달리 무겁고 깊은 내용을 다루고 있다. 이 시리즈는 철학에 집중되며, 우리가 살아가면서 무엇을 중요하게 여기고 생각해야 하는지를 질문한다. 동서양의 철학을 소개하면서, 독자에게 삶의 목적과 의미에 대해 고민하게끔 유도하는 점이 인상적이었다.

'지대넓얕 제로'가 시리즈의 마지막일 거라 생각했지만, 그 뒤로 '지대넓얕 무한'편이 출간되었다. 이 신작은 2024년 말에 나온 따끈따끈한 책으로, 이제는 고민을 실천하는 내용으로 가득 차 있다. 삶이 무엇인지 고민한 후, 그에 따라 살아야 한다는 메시지를 전하고 있다. 이처럼 지대넓얕 시리즈는 나에게 단순한 책이 아닌, 내 삶의 비서와 같은 존재가 되었다. 내가 세상을 잘 모를 때 조언해주고, 힘들었을 때 무엇이 중요한지를 일깨워주었다.

채사장의 『지적 대화를 위한 넓고 얕은 지식 시리즈』는 단순한 밀리언셀러가 아니다. 이 책을 깊이 읽어볼수록, 당신의 삶에 깊게 관여할 것이다. 지식이란 단순히 머릿속에 쌓아두는 것이 아니라, 삶의 지혜로 전환하는 것이기 때문이다. 이 책이 당신에게 지식의 씨앗을 심어주고, 그것이 자라나길 바라는 마음으로 추천한다. 당신이 이 시리즈를 통해 배운 것들은 단순한 정보가 아니라, 당신의 삶을 변화시키는 힘이 될 것이다. 그러니 이번 기회에 '지대넓얕'을 읽고, 새로운 시각과 깊은 통찰을 경험해보기를 바란다. 지식의 바다에서 당신이 원하는 보물을 찾는 여정이 되길 기대한다.

"얕고 넓은 지식은 시작이다.
하지만 그 시작 없이는 결코 깊이에 도달할 수 없다"
- 채사장, 『지적 대화를 위한 넓고 얕은 지식』 중

쉬어가는 코너

독자로서 기자로서 ❹

나에게 책과 글쓰기란?

 기자라는 직업은 세상에 수많은 직업 중 하나일 뿐인데, 사람들은 기자를 만나면 신기해한다. 기자가 어떻게 살며, 어떤 생각을 하고, 어떤 방식으로 기사를 쓰는지 궁금해한다. 특히 방송과 잡지사에서 수많은 기자를 만나면서도 '기자란 어떤 사람인가?'라는 질문에 딱 떨어지는 답을 하기는 쉽지 않다. 다양한 성향과 방식의 기자들이 존재하기 때문이다. 하지만 다수의 기자들이 어떻게 살아가고 어떤 고민을 하는지는 어느 정도 이야기할 수 있다.
 가장 많이 받는 질문 중 하나는 "기자님은 책을 많이 읽으시죠?"라는 것이다. 솔직히 말하면, 기자들은 생각만큼 책을 많이 읽지 않는다. 매일 쏟아지는 기사와 자료들을 처리하는 데도 벅찬데, 쉬는 시간에도 책을 읽는다는 건 때로는 벌을 받는 것과 비슷한 느낌이다. 기사를 쓸 때 참고하는 자료만 해도 책 몇 권 분량에 달하니, 따로 독서 시간을 내기가 쉽지 않다. 나 역시 기자 생활 초기보다는 훨씬 적게 책을 읽는다. 사실 '읽기'라는 행위 자체가 피곤하다. 기자라는 직업은 알기 위해 찾아내고 정리하는 일인데, 그 과정에서 이미 엄청난 양의 글을 읽어야 하므로, 쉴 때까지 읽는 것은 부담으로 작용한다. 그럼에도 나는 계속해서 책을 든다. 왜냐하면, 일종의 '열등감' 때문이다. 나는 신문방송학과 출신도 아니고, 정통 기자의 길을 걷지도 않은 '어쩌다 기자'다. 그러다 보니 내 능력에 대한 의심과 '진짜 기자'에 대한 열등감이 반짝반짝 살아 있었다. 그럴 때마다 책을 들고 공부하고, 스스로를 채찍질하며 '기자로서의 내공'을 쌓으려 애썼다. 그 열등감은 언론사를 운영하고 수많은 사람을 만나면서 점차 옅어졌다. 하지만 지금도 초심을 잃지 않기 위해, 때때로 내가 어렸을 때 느꼈던 독서의 짜릿함을 다시 경험하고 싶어 책을 펼친다. 책을 읽는다는 건 단순한 정보 습득이 아니라, 내면의 성장을 위한 작은 의식과도 같다.

우리는 왜 책을 읽어야 할까? 요즘은 인터넷과 스마트폰 덕분에 정보가 넘쳐난다. 클릭 몇 번으로 수많은 지식과 뉴스가 손에 들어온다. 그럼에도 불구하고 책을 읽는 이유는 단순한 정보 습득을 넘어선다. 책은 깊이 있는 사고와 비판적 시각을 키워주며, 복잡한 현상을 다각도로 바라볼 수 있는 힘을 준다. 기자로서 굳이 책을 읽는 이유는, 단편적인 사실 전달을 넘어 '맥락'을 이해하고, '본질'을 파악하기 위해서다. 기사 한 줄 뒤에 숨은 의미, 사회 전반에 미치는 영향, 역사적 배경 등을 이해하지 못하면 좋은 기사는 나올 수 없다. 이는 단순한 '정보'가 아닌 '지혜'를 요구하는 일이다. 또한 기자는 사회의 거울이다. 사회의 문제를 깊이 이해하고, 다양한 관점에서 사건을 해석해야 한다. 이 과정에서 책은 생각의 폭을 넓히고, 자신만의 견해를 세우는 데 필수적인 도구다. 특히 철학서, 역사서, 문학 등 다양한 분야의 책들은 기자가 세상을 다층적으로 바라보게 한다. 물론 현실은 녹록지 않다. 바쁜 일정과 쏟아지는 정보 속에서 책 읽기는 쉽지 않다. 하지만 책은 단지 '읽는 행위'가 아니라 '생각하는 행위'다. 기자가 책을 읽을 때 얻는 건 단순한 지식이 아니라, 세상을 해석하는 '눈'과 '마음'이다. 이 눈과 마음이 있어야 독자에게 진실을 바르게 전달할 수 있다.

나뿐 아니라 많은 기자들이 '책 읽기'와 '기사 작성' 사이에서 균형을 잡기 위해 애쓴다. 때로는 짧은 휴식 시간에 시 한 편, 에세이 한 구절을 읽으며 마음을 다독이고, 때로는 깊은 사유가 필요한 주제를 다룰 때 무거운 철학책에 도전한다. 이 모든 과정은 기자가 '사람'을 이해하는 데 도움을 준다. 기자가 책을 읽는 것은 단순히 지식인의 허세가 아니다. 그것은 '책임감'이다. 한 편의 기사가 사회에 미치는 영향은 막대하다. 그러니 기자는 늘 자신의 관점이 편향되지 않았는지, 충분히 다각도로 검토했는지 스스로 질문해야 한다. 이 과정에서 책은 가장 든든한 동료이며 스승이다. 또한, 책은 기자에게 '끊임없는 호기심'을 유지시키는 원천이다. 세상은 변하고, 새로운 이야기가 쏟아진다. 하지만 그 속에서도 변하지 않는 인간 본성, 사회의 근본 문제에 대해 생각할 수 있게 하는 힘은 책에서 나온다. 기자가 독서로 얻는 사고의 깊이와 넓이는 결국 독자에게 더 풍부하고 의미 있는 기사를 선사한다.

기자로서 책을 읽는다는 건 고된 노동 중에 얻는 작은 위안이자, 자신을 단련하는 과정이다. 정보 홍수 속에서 진실과 의미를 찾는 여정이며, 세상을 더 깊이 이해하려는 노력이다. 내가 책을 읽는 이유는 결국 '더 나은 기자가 되기 위해서'다. 그리고 그 과정에서 나 자신도 성장하고, 세상과 더 깊이 연결될 수 있다. 독서가 때로는 '벌'처럼 느껴질지라도, 그 안에 숨은 즐거움과 의미는 무엇과도 바꿀 수 없다. 기자뿐 아니라, 우리 모두가 책을 통해 더 넓은 세계를 보고, 더 깊은 생각을 하며, 더 좋은 삶을 살아가길 바란다. 그래서 오늘도 나는 책을 든다. 당신도 나와 함께 그 여정을 시작해보길 권한다. 책은 언제나 우리 삶의 가장 든든한 친구다.

* 배움은 끝이 없다. 이 세상엔 배울 것이 넘쳐나기에 살아갈 맛이 난다. 모든 걸 알고, 무엇이든 할 수 있다면 새로움이라는 재미가 있을까? 한정된 시간을 살기에 우리의 1분 1초가 귀한 것이 아니겠는가. 책을 통해 세상을 배우고 경험하자. 아는 즐거움은 언제나 기묘하고 짜릿하다. 새로운 사실을 알게 될 때 전해지는 깨달음은 내 깊이를 한층 더한다. 그러니 독서를 즐기자. 즐기기에도 짧은 인생이 아닌가.

아무리 대단한 '명서'라고 해도, 모두에게 도움되는 건 아니다.
인류사를 휩쓴 책일지라도 당신을 망칠 수 있고
하등 쓸모없어 보이는 책이 당신을 눈 뜨게 할 수 있다.
다만 내가 추천하는 10권의 책은 시기와 상황에 따라
여러분이 읽고 크게 성장할 수 있기에 권한다.

⑤ 당신의 성장을 이끌 책들

문장의 깊이를 만들어 주는
『토지』

　청소년이든, 성인이든 필독 도서 리스트에 항상 『토지』가 꼽히는 이유는 무엇일까? 이 질문에 대한 답은 간단하면서도 깊은 의미를 지닌다. 『토지』는 단순한 소설이 아니라, 우리가 잊고 싶었던 역사와 그 속에서 살아갔던 사람들의 이야기들을 생생하게 담고 있기 때문이다. 『토지』는 한국 현대사의 중요한 전환점들을 배경으로 하여, 그 시기에 실제로 존재했던 인물들의 삶을 통해 독자에게 강렬한 감정을 불러일으킨다. 물론 이 책을 다 읽은 사람은 그리 많지 않을지도 모른다. 나 역시 총 25편 중 15편까지 읽었으니, 아직 절반도 못 읽었다. 그 이유는 여러 책을 읽다 보니 자연스럽게 『토지』를 끝까지 보지 못했기 때문이다. 또, 내게 조정래 작가의 『태백산맥』만큼의 흡입력은 없다. 『태백산맥』은 모든 인물이 요동치는 어지러운 활극을 보는 듯한 느낌이라면, 『토지』는 각 인물이 실제로 살고 있고 그 모습을 몰래 훔쳐보는 듯한 독특한 경험을 선사한다. 각자의 장단점이 명확한데, 내게 더 어울리는 작품은 『태백산맥』인 것이다.

그렇다면 왜 『토지』를 추천하는가? 우선, 이 책은 구한말부터 일제강점기, 그리고 한국전쟁까지의 거시적인 현대사를 고민해 볼 소중한 기회를 제공한다. 우리는 역사적 사건에 대해 알고 있지만, 당시를 살아갔던 인물들의 이야기와 감정은 잘 알지 못한다. 물론 박경리 작가가 당시를 사는 모든 이의 이야기를 담아내지는 않았지만, 그녀 특유의 관찰법과 인물의 상세한 묘사는 마치 현장에 있는 듯한 생동감을 느끼게 해준다. 이 책을 통해 독자는 단순히 역사적 사건의 나열이 아니라, 그 속에서 고통받고 희망을 찾는 사람들의 삶을 깊이 이해할 수 있다. 특히, 우리는 구한말에 나라가 부패하고 외세의 침략에 저항한 농민의 힘이 정부에 의해 막혀 일제강점기가 찾아온 역사적 사실을 알고 있다. 하지만 당시를 살던 백성에게는 나라의 상황이 점차 나빠지는 듯할 뿐이고, 못 보던 외국인이 자주 보이는 상황에서 그들의 삶은 더욱 힘들어졌다. 일제강점기가 시작되고 우리는 주권을 잃었지만, 역사서에서 배운 것과는 다른 소시민의 삶을 엿볼 수 있다. 『토지』를 읽는 것만으로도 보이는 것 너머의 넓은 세상을 경험할 수 있는 것이다. 이처럼 『토지』는 단순히 역사적 사실을 나열하는 것이 아니라, 그 속에 숨겨진 인간의 고뇌와 희망을 함께 드러내고 있다.

더 넓은 세상을 경험할 수 있다는 사실도 중요하지만, 박경리 작가의 문장 자체의 힘이 워낙 강력하다. 그녀의 글은 쓰고자 하는 이들에게 뛰어난 교본이 된다. 하나의 문장일지라도 부족함이 없고, 표현이 다양하며, 그야말로 맛깔나다. 『토지』를 읽다 보면 '어떻게 일상을 관찰하고 표현하기에 이런 문장을 쓸 수 있지?'라는 생각에 무릎을 탁 치게 된다. 그녀의 문장은 감정의 깊이를 전달하며, 독자가 이야기에 몰입하게 만든다. 이처럼 박경리 작가의 문장은 단순한 서사적 장치가 아니라, 독자와의 감정적 연결을 만들어내는 중요한 요소로 작용한다. 『토지』는 우리 조상이 지나온 고통의 역사를 소시민의 시선으로 바라봄과 동시에 뛰어난 문장력으로 독자를 흡입한다. 이 책은 전혀 어렵지 않아서, 소설에 입문하고자 하는 이들에게도 좋은 길잡이가 될 것이다. 『토지』는 단순히 과거의 이야기를 넘어, 현재를 살아가는 우리에게도 많은 교훈을 준다. 박경리 작가의 『토지』는 단순한 소설을 넘어, 우리가 잊고 싶었던 역사와 그 속에서 살아갔던 사람들의 이야기를 생생히 담고 있다. 이 책을 읽고 난 뒤, 당신은 과거의 아픔과 그 속에서 피어난 희망을 함께 느끼게 될 것이다. 그러므로 『토지』는 필독서로서 그 가치를 충분히 지니고 있으며, 우리의 삶에서 중요한 역할을 할 것이다. 이 기회를 통해 『토지』를 읽고, 과거를 통해 현재를 되짚어보는 시간이 되길 바란다.

"봄은 간다. 꽃이 진다.
그러나 봄은 또 올 것이며 꽃도 다시 필 것이다"
- 박경리, 『토지』 중

사랑이 뭔지 모르겠다면
『나는 왜 너를 사랑하는가』

알랭 드 보통 작가

사랑이라는 주제는 누구에게나 친숙하면서도 복잡한 감정이다. 알랭 드 보통의 『나는 왜 너를 사랑하는가』는 사랑의 본질을 탐구하며, 우리가 왜 사랑에 빠지고, 사랑이란 무엇인지에 대한 깊은 통찰을 제공한다. 이 책은 단순한 연애서적이 아니라, 사랑이라는 감정을 통해 인간 존재의 의미를 되짚어보는 기회를 준다. 사랑의 정의를 고민하는 많은 이들에게 이 책은 길잡이가 되어줄 것이다.

사랑은 그 자체로도 매력적이지만, 그 기준은 각자 다르다. 드 보통은 사랑을 '항상 지니고 싶은 사랑'과 '항상 지니고 있는 사랑'으로 나눈다. 먼저, '항상 지니고 싶은 사랑'은 연인 관계에서 자주 나타난다. 내가 사랑하는 연인을 바라보고 있더라도, 보고 싶고, 헤어진 지 10분이 지나도 여전히 보고 싶어 하는 그 마음. 1초도 떨어지기 싫을 정도로 함께하고 싶다는 감정은 사랑의 힘일까, 아니면 집착일까? 사실, 이는 반은 맞고 반은 틀린 이야기다. 사랑이란 집착의 힘이 먹고 노는 것보다 훨씬 강력하기에, 1분 1초도 떨어지기 싫은 것이다. 하지만 이 집착의 힘은 시간이 지나면 사그라들거나, 충족한 뒤 당연함으로 넘어가게 된다. 그래서 '항상 지니고 싶은 사랑'은 결국 집착에 기초한 사랑으로 변모할 수 있다.

반면, '항상 지니고 있는 사랑'은 무엇일까? 이는 부모의 사랑에서 더욱 잘 드러난다. 만나지 않아도 상대방이 잘되기를 바라는 마음, 상대의 행복이 내 마음에 가득 차는 것. 이 사랑은 관계의 주체가 '너'에게 있다. 즉, 네가 행복하면 된다는 마음이

가득하다. 둘의 차이는 바로 주체의 차이에서 비롯된다. '항상 지니고 싶은 사랑'은 '나'를 주체로 두고, '항상 지니고 있는 사랑'은 '너'를 주체로 둔다.

알랭 드 보통의 『나는 왜 너를 사랑하는가』는 이러한 사랑의 차이를 명확히 보여준다. 사랑의 시작은 '내가 너를 좋아해서 너와 함께하고 싶다'에서 출발하지만, 진정한 사랑을 깨닫게 되면 '너를 행복하게 해주기 위해서 너를 만나러 간다'로 변모한다. 내가 너를 사랑하는 이유는 '너'가 행복하기 위해서지, '내'가 행복하기 위해서가 아니라는 것이다. 이 책은 또한 사랑에 대한 조건을 제시한다. 보통 연인 간의 사랑은 외모, 재산, 명예 등 여러 조건에 따라 시작되고 유지된다. 상대의 조건은 결국 '나'를 만족하기 위한 것이기에, 우리는 사랑의 본질을 다시 생각해야 한다. 당신은 왜 그를 사랑하는가? 당신이 행복하기 위해서인가, 그가 행복했으면 해서인가? 이 질문은 사랑의 진정한 의미를 되새기게 해준다. 알랭 드 보통은 사랑을 통해 우리가 인간으로서 어떻게 성장할 수 있는지를 탐구한다. 사랑은 단순한 감정이 아니라, 우리의 존재와 관계를 깊이 있게 이해하게 해주는 중요한 요소다. 이 책을 읽는 것이 단순히 사랑에 대한 지식을 쌓는 것이 아니라, 사랑을 통해 자신을 돌아보게 하고,

더 나아가 타인을 이해하는 데 큰 도움이 된다. 그의 글은 간결하면서도 깊이 있는 통찰로 가득 차 있다. 그의 문장은 독자가 쉽게 이해할 수 있도록 구성되어 있으며, 독서를 통해 자연스럽게 사랑의 본질을 깨닫게 만든다. 이 책을 읽으며 우리는 사랑의 다양한 형태와 그 속에서 느끼는 감정들을 다시 한번 되새기게 된다.

결론적으로, 알랭 드 보통의 『나는 왜 너를 사랑하는가』는 사랑에 대한 깊은 이해를 제공하며, 그것이 단순한 감정이 아니라 우리의 삶에 어떤 영향을 미치는지를 탐구하는 소중한 기회를 준다. 사랑이란 무엇인지, 내가 왜 사랑하는지를 고민하는 이들에게 이 책을 강력히 추천한다. 사랑의 본질을 이해하고, 더 나아가 나와 타인에 대한 깊은 이해를 이끌어내는 데 이 책이 큰 도움이 될 것이다. 사랑이라는 감정의 복잡함 속에서 진정한 의미를 찾고 싶다면, 이 책을 통해 그 여정을 시작해보길 바란다.

> "사랑은 상대방이 가진 어떤 특별한 특성 때문이 아니라,
> 그 사람을 사랑하기로 선택했기 때문에 시작된다"
> – 알랭 드 보통, 『나는 왜 너를 사랑하는가』 중

당신의 목표를 달성하게 할
『설득의 심리학』

　내게 만약 최고의 심리학 책을 한 권 고르라고 한다면, 주저 없이 로버트 치알디니의 『설득의 심리학』을 외칠 것이다. 이 책은 단순히 상대를 설득하는 기술을 넘어, 우리가 일상에서 마주하는 모든 소통의 근본을 탐구하는 걸작이다. 치알디니는 설득의 과학을 체계적으로 정리하여, 마케팅과 인간관계의 본질을 이해하는 데 필수적인 교본으로 자리잡았다. 이 책은 시대를 관통하는 통찰을 제공하며, 우리의 삶에 깊이 스며든 설득의 원리를 알려준다.

　우리가 사회에서 살아가면서 설득이 얼마나 중요한지 실감하기란 그리 어렵지 않다. 친구가 직장 내 갈등을 이야기할 때, 혹은 자녀의 꿈을 지지할 때, 우리는 매일같이 설득의 상황에 놓인다. 인간 사회는 사람과 떨어져 살기 힘든 구조이기 때문에,

서로의 의견을 관철시키기 위해선 반드시 설득의 기술이 필요하다. '사회'라는 단어 자체가 사람들이 묶여서 사는 공간이기 때문이다. 자급자족하는 삶을 살지 않는 이상, 우리는 언제나 타인과의 소통이 필요하다. 그리고 이 과정에서의 '설득'이란 단어가 주는 부정적인 감정 때문에 거부감을 느끼는 이들이 있다. 마치 설득이란 오로지 내 이득을 위해 상대를 속이는 행위라고 생각하는 경우가 많다. 하지만 어학사전에서의 정의를 살펴보면, '상대편이 이쪽 편의 이야기를 따르도록 여러 가지로 깨우쳐 말함'이라는 뜻이 있다. 이는 단순히 이득을 위한 행위가 아니라, 상대를 이해시키고 함께 나아가기 위한 과정임을 잘 보여준다.

설득은 정말 다양한 상황에서 사용된다. 예를 들어, 거리에서 모르는 두 사람이 서로 싸우고 있을 때, 우리는 그들을 떼어놓고 싸움을 멈추도록 설득해야 한다. 단지 "싸우지 마세요!"라는 말로 멈추게 할 수 있을지, 아니면 더 설득력 있는 문장을 써야 할지 고민해보아야 한다. 상황에 따라서는 그들의 감정에 공감하며, 더 깊은 이해를 바탕으로 설득해야 할 때가 많다. 또 다른 예로, 내 아이가 아이돌이 되고 싶어 한다면, "너 아이돌 된다고 한 번 더 씨부려봐. 다리몽둥이를 아주 부러뜨릴 줄 알아!"라고 윽박지르는 것보다, 설득력 있는 말로 대화하는 것이 훨씬 효과적이지 않을까? 이렇듯 일상에서 벌어지는 설득은 최소 하루에 10번 이상은 이루어진다. 대화를 하고 사는 사람이라면 말이다.

    로버트 치알디니의 본 도서는 설득에 대한 다양한 상황과 이론을 언급하며, 우리가 무심코 지나치는 일상 속에서의 설득의 원리를 세심하게 분석한다. 특히 기억에 남는 사례는 공익광고 이행률에 대한 분석이다. 한 호텔에서 화장실에서 손을 씻고 낭비되는 수건이 많다는 문제에 직면했을 때, 호텔 지배인은 '낭비되는 수건이 많습니다. 적게 쓰십시오'라는 문구를 사용했지만 효과는 미미했다. 그러던 중 치알디니는 문구 하나를 바꾸자 재사용률이 크게 늘어났다는 이야기를 전한다. 그 문구는 바로 '대부분의 손님이 수건을 재사용합니다'였다. 이처럼 단순한 문구의 변화가 설득의 확률을 크게 높일 수 있다는 점은 매우 흥미롭다. 이 차이는 무엇일까? 호텔 지배인의 문구는 단순한 강조에 불과했지만, 치알디니의 문구는 사회적 규범을 건드린 것이다. 시민들은 '다들 수건을 재사용하는구나. 나도 그래야겠다'라는 무의식적인 동조심리를 느끼며 행동하게 된다. 이러한 점에서 치알디니의 통찰은 단순한 이론이 아니라, 실제 생활에서 적용 가능한 지혜로 다가온다. 『설득의 심리학』은 다소 간단해 보이지만, 그 안에는 깊은 원리가 숨어 있다. 이 책을 통해 독자는 설득의 기술을 배우는 것뿐만 아니라, 자신의 가치와 신념이 어떻게 사회에서 인정받을 수 있는지를 깨닫게 된다. 설득은 결국 사람과 사람 사이의 상호작용을 통해 이루어지는 것이므로, 더 나은 소통을 위해서는 이 책이 큰 도움이 될 것이다.

결론적으로, 로버트 치알디니의 『설득의 심리학』은 단순한 심리학서가 아니다. 이 책은 우리가 매일 마주하는 사회적 관계와 소통의 본질을 이해하는 데 필수적인 지혜를 제공한다. 설득의 원리를 통해 우리는 더 나은 인간관계를 형성하고, 타인을 이해하며, 협력하는 방법을 배울 수 있다. 따라서 이 책은 단순히 읽고 끝내는 것이 아니라, 삶의 지침서로 삼아야 할 가치가 있다. 사랑하는 사람과의 관계, 직장 동료와의 협업, 심지어는 사회적 이슈에 대한 접근 방식까지, 이 책에서 배운 설득의 기술은 우리의 삶을 더욱 풍요롭게 만들어줄 것이다. 당신이 이 책을 통해 설득의 심리를 깊이 이해하고, 올바른 가치와 신념을 세상에 드러내는 데 큰 도움이 되기를 바란다.

"설득은 상대를 이기려는 기술이 아니라,
상대의 심리를 이해하는 기술이다"
– 로버트 치알디니, 『설득의 심리학』 중

당신은 괴물인가, 영웅인가?
『죄와 벌』

러시아의 대문호 도스토예프스키

『죄와 벌』은 문학사에 길이 남을 명작으로, 수많은 이들이 '언젠가 꼭 읽어야 할 책'으로 꼽지만, 그 두께와 러시아식 이름 탓에 선뜻 손에 들기 어려운 작품이다. 나 역시 3년 동안 책을 펼치지 못했다. 그러나 어느 날 문득 '이제는 읽어야겠다'는 용기가 찾아왔다. 600페이지가 넘는 두꺼운 분량은 벽처럼 느껴지지만, 조금씩 천천히 읽으며 그 깊은 세계에 빠져들었다. 이 책은 단순한 소설이 아니다. 19세기 말 격동의 러시아, 그리고 우리 근현대사의 암울한 시기를 살아간 지식인의 내면을 섬세하게 그려낸 인생 대서사극이다.

『죄와 벌』은 한 개인의 도덕적 고뇌와 사회적 현실이 충돌하는 순간을 보여준다. 주인공 라스콜리니코프는 법대를 졸업한 젊은이로, 나라와 사회에 기여하고자 하는 이상과 현실 사이에서 갈등한다. 그가 살던 시대는 권력과 부패, 사회적 불평등이 극심한 시기였다. 우리나라 일제강점기 지식인들이 겪은 혼란과 고뇌와 크게 다르지 않다. 라스콜리니코프도 장남이자 가장으로서 가족과 사회에 대한 책임감을 느끼지만, 현실은 그를 점점 절망으로 몰아넣는다. 그는 우연히 악덕 고리대금업자를 살해하고 그 돈을 훔친다. 이 행동은 겉보기에는 정의로운 '영웅적' 행위처럼 보이지만, 그 안에는 깊은 모순과 죄책감이 자리한다. 그는 자신의 행위가 진정한 정의인지, 아니면 단순한 자기합리화인지 끊임없이 고민한다. 그는 사창가에서 일하는 로쟈라는 인물에게 그 돈을 나누어 주며 '선한' 뜻을 실천하려 하지만, 그 역시 사회적 낙인과 편견 속에 살아가는 인간이다. 이처럼 『죄와 벌』은 '정의란 무엇인가?'라는 근본적 질문을 던진다.

우리가 쉽게 말하는 '정의'가 실제로는 얼마나 복잡하고 모순적인지, 때로는 자신의 신념이 타인에게는 폭력일 수 있음을 보여준다.

도스토예프스키가 『죄와 벌』을 집필하게 된 계기는 러시아 사회의 극심한 불평등과 도덕적 혼란에 대한 깊은 고민에서 비롯되었다. 그는 19세기 중반 러시아에서 급격한 사회 변화와 혁명적 분위기가 팽배하던 시기에 이 소설을 통해 인간 내면의 죄와 구원, 그리고 사회 정의의 문제를 탐구했다. 당시 젊은 지식인들의 급진적 사상과 행동, 그리고 그로 인한 도덕적 혼돈을 목격하며, 도스토예프스키는 '죄'와 '벌'이라는 보편적 주제를 통해 인간 존재의 본질과 구원의 가능성을 탐색하고자 했다. 이 소설은 단순히 범죄와 처벌의 이야기로 끝나지 않는다. 그것은 인간의 내면 깊숙한 곳에 숨겨진 죄책감, 구원에 대한 갈망, 그리고 인간 본성의 복잡성을 섬세하게 묘사한다. 도스토예프스키는 독자에게 '누가 진짜 죄인인가?'라는 질문을 던지며, 법적 정의와 도덕적 정의 사이의 간극을 탐구하게 만든다. 이 과정에서 그는 인간의 약함과 강함, 절망과 희망이 공존하는 모습을 보여준다.

『죄와 벌』은 우리에게 묻는다. 만약 당신이 절대적인 정의라고 믿는 행동을 했을 때, 그것이 타인에게는 폭력이나 부당함으로 느껴진다면 어떻게 하겠는가? 당신의 신념은 과연 진정한 정의인가? 이 책은 바로 그런 질문을 통해 우리 자신의 도덕적 기준을 시험하고, 인간 존재의 근본적 문제를 성찰하게 만든다. 도스토예프스키의 『죄와 벌』은 단순한 고전 문학을 넘어, 인간 심리와 도덕, 그리고 사회 문제를 통찰하는 철학적 소설이다. 이 책을 읽으며 우리는 라스콜리니코프의 내면의 고뇌와 갈등 속에서 자신의 삶과 신념을 되돌아보게 된다. 또한, 시대와 공간을 초월해 공감할 수 있는 인간 본성에 대한 깊은 이해를 얻을 수 있다.

읽는 동안 등장인물들의 이름과 러시아식 표기에 혼란스러울 수 있지만, 그 혼란 속에서도 도스토예프스키가 펼치는 인간 내면의 드라마는 강렬한 흡입력을 발휘한다. 이 책은 단순한 문학 작품 이상의 가치를 지니며, 우리 모두가 한 번쯤은 마주해야 할 삶과 도덕에 관한 거울이다. 그러므로 『죄와 벌』은 누구에게나 권할 만한, 시대를 뛰어넘는 진정한 명작이다. 당신도 이 거대한 인간 드라마 속으로 용기 있게 걸어 들어가, 인간 존재의 빛과 어둠을 마주할 준비를 하길 바란다.

"나는 벌을 받기 위해 죄를 지은 것이었다"
— 도스토예프스키, 『죄와 벌』 중

진짜 자유를 고민하게 하는
『자유론』

사진: 영국의 경제학자 존 스튜어트 밀

'자유'라는 단어는 우리에게 너무 익숙해서 때로는 그 가치를 잊기 쉽다. 하지만 세상에서 가장 소중한 가치는 무엇일까? 돈이나 명예가 아니라, 바로 '자유'다. 많은 이들이 부와 명예를 갈망하는 이유도 결국은 자유롭게 행동하고 인정받고 싶기 때문이다. 자유는 인간 내면의 가장 근본적인 욕망이며, 이 자유를 어떻게 지키고 확장할 것인가가 사회의 가장 큰 과제다. 여기서 빛나는 등불 같은 책이 바로 존 스튜어트 밀의 『자유론』이다. 이 책은 자유의 본질을 탐구하며, 자유로운 사회가 무엇인지, 그리고 진정한 자유란 무엇인지를 명쾌하게 제시한다.

존 스튜어트 밀은 영국의 대표적 경제학자이자 철학자로, 고전 자유주의의 거장이다. 아버지 제임스 밀의 엄격한 교육 아래서 어린 시절부터 철학과 경제학, 정치학을 깊이 탐구했고, 이후 자신만의 사상을 발전시켰다. 밀은 아담 스미스의 고전 경제학을 계승하면서도, 사회적 불평등과 개인의 권리 문제에 깊은 관심을 가졌다. 특히 『자유론』을 통해 개인의 자유가 사회 발전의 원동력임을 강조하며, 국가와 사회가 개인의 자유를 어떻게 보호해야 하는지에 대한 근본적 질문을 던졌다. 이 책은 출간 당시 큰 반향을 일으키며 정치철학과 사회학, 경제학 전반에 걸친 영향을 끼쳤다. 이후 자유주의 사상은 전 세계 민주주의 발전의 토대가 되었다.

『자유론』의 핵심은 '자신의 신념과 개성을 지키면서 타인의 자유를 침해하지 않는 것이 진정한 자유'라는 점이다. 여기서 자유를 '하고 싶은 대로 하는 것'이라고 오해하기 쉽지만, 밀은

이를 엄격히 경계한다. 자유란 무제한적 방종이 아니라, 사회 구성원 각자가 서로의 권리와 자유를 존중하는 가운데 유지되는 균형이다. 즉, 내 자유가 타인의 자유를 침해할 때, 그 자유는 정당하지 않다. 그래서 자유는 개인의 권리이자, 동시에 사회적 책임이기도 하다.

밀은 이 개념을 '해악 원칙(harm principle)'으로 설명한다. 이는 '자유는 타인에게 해를 끼치지 않는 한에서만 허용되어야 한다'는 원칙이다. 만약 내 행동이 타인에게 피해를 준다면, 사회는 개입할 권리가 있다. 이 원칙은 현대 자유민주주의의 뼈대를 이루는 중요한 기준으로 자리 잡았다. 또한 밀은 다수의 횡포를 경계하며, 소수자의 권리를 보호하는 것이 자유 사회의 필수 조건임을 강조했다. 이는 단순히 개인주의를 넘어, 공존과 상호 존중의 가치를 담고 있다.

우리 사회는 자유민주주의 국가임에도 불구하고, 진정한 자유를 누리지 못하고 있다. 서로의 자유를 인정하지 않고, 타인을 혐오하며 이해하지 못하는 '이분법의 시대'를 살아가고 있다. 이런 현실 속에서 『자유론』은 우리에게 자유의 진정한 의미를 다시 생각하게 하고, 타인과 함께 더불어 살아가는 길을 제시한다. '내 자유를 찾고 싶다면, 상대의 자유를 인정해야 한다'

는 초등학생도 아는 진리를 어른이 되어 잃어버린 지금, 이 책은 다시금 그 진리를 되찾게 해주는 나침반 역할을 한다. 또한, 『자유론』은 자유를 단순히 개인의 권리로만 보지 않고, 사회적 맥락 속에서의 책임과 균형으로 바라본다. 자유로운 사회란 '모두가 자유로울 수 있는' 사회이기에, 나의 자유는 타인의 자유와 충돌하지 않도록 존중하고 배려해야 한다는 점을 강조한다. 이 점에서 밀의 사상은 오늘날 우리가 직면한 갈등과 분열을 치유할 수 있는 지혜를 제공한다.

『자유론』을 읽는다면, 단순한 자유의 개념에서 벗어나 '어떻게 하면 모두가 자유로울 수 있을까?'라는 질문을 하게 된다. 그리고 그 답은 타인에 대한 이해와 존중에서 출발한다는 사실을 깨닫게 된다. 이 책은 자유를 꿈꾸는 이들에게 반드시 필요한 고전이며, 우리의 삶과 사회를 한 단계 업그레이드할 수 있는 지혜가 담겨 있다. 마지막으로, 존 스튜어트 밀의 『자유론』은 그 깊이와 사유에도 불구하고 문장이 어렵지 않고, 비유와 예시가 풍부해 독자가 쉽게 접근할 수 있다. 자유에 대한 고민이 깊은 이들뿐 아니라, 현대 사회의 갈등과 소통 문제에 관심 있는 모든 이에게 필독을 권한다. 자유를 제대로 이해하는 것이야말로, 오늘날 혼란스러운 세상을 헤쳐 나가는 가장 강력한 무기임을 이 책이 증명한다. 그러니 이 기회에 『자유론』과 함께 진정한 자유를 향한 여정을 시작하길 바란다.

"개인의 자유에 대한 유일한 정당한 간섭은
타인에게 해를 끼치는 것을 막기 위한 경우뿐이다",
– 『자유론』 중

세상과 역사를 깊이 탐구하는
『총, 균, 쇠』

"세상에서 가장 읽기 힘든 책은 무엇인가?" 많은 사람이 페이지 수가 많으면 부담감을 느끼지만, 나에게 진짜 읽기 힘든 책은 '한 번도 경험하지 못한 세상의 이야기를 담은 책'이다. 예컨대 비트겐슈타인의 『논리-철학 논고』는 200페이지도 채 안 되지만 아직 완독하지 못한 절대 난제다. 그런 점에서 『총, 균, 쇠』는 1,000페이지가 넘는 방대한 분량에도 불구하고 '읽기 쉬운' 책으로 손꼽힌다. 이 책을 '애독가의 증거'라 부르는 이들도 있지만, 오히려 누구나 쉽게 읽을 수 있는 언어로 쓰였다는 점이 놀라울 뿐이다.

『총, 균, 쇠』는 한마디로 "왜 유라시아 대륙의 나라들이 세계 패권을 쥐게 되었는가?"라는 질문에 답하는 책이다. "미국이 세계 최고 국가 아니냐?"고 반문할 수 있지만, 미국은 유럽

이민자들이 세운 나라이며, 아메리카 원주민들은 결국 그 땅에서 쫓겨났다. 그렇다면 도대체 유라시아 민족들은 어떻게 세계의 주인이 되었을까? 그 답은 바로 '총, 균, 쇠'에 있다. 유라시아 대륙은 끊임없는 전쟁과 경쟁의 장이었다. 4대 문명 중 3곳이 유라시아에서 탄생했고, 이집트 역시 유라시아와 인접해 있었다. 전쟁은 기술 발전을 가속화한다. 총과 같은 무기, 그리고 철과 같은 금속 기술은 전쟁의 산물이다. 전쟁에서 승리하기 위한 노력은 도시 발전과 산업 혁명을 이끌었고, 이는 유라시아 국가들이 패권을 쥐는 밑거름이 되었다. 아시아 역시 예외가 아니다. 페르시아, 동로마 제국, 중국 등은 오랜 기간 광대한 제국을 형성하며 문명을 꽃피웠다. 하지만 발전한 도시에는 치명적인 '균'이 함께했다. 상하수도 시설과 위생 개념이 부족했던 당시, 전염병은 도시를 휩쓸었고, 그 과정에서 유라시아 민족들은 각종 병원균에 내성을 갖게 되었다. 이 '살아있는 균'은 아메리카와 아프리카 원주민들에게 치명적인 재앙이 되었고, 결국 유라시아의 패권을 확고히 하는 데 큰 역할을 했다.

이처럼 '총, 균, 쇠'는 1,000페이지가 넘는 방대한 내용을 간단히 요약하면 '문명 발전과 패권의 비밀은 총(군사력), 균(병원균), 쇠(금속기술)에 있다'는 것이다. 하지만 이 책을 단순 요약해서 끝내면 안 된다. 제러드 다이아몬드가 방대한 자료를 수집하고, 이를 바탕으로 논리적 추론을 전개하는 과정을 따라가는 것 자체가 학습의 큰 도움이 된다. 그의 연구 방법과 사고방식은 우리에게 '어떻게 정보를 분석하고, 근거를 바탕으로 결론을 도출할 것인가'를 가르쳐준다. 다시 한번 강조하지만, '총, 균, 쇠'는 어렵지 않다. 편안한 마음으로 읽으며, 우리가 당연하게 여기는 문명의 힘이 어디서 비롯되었는지 생각해보자. 과거를 아는 것은 미래를 예측하는 힘이다. 지금 우리가 사는 세상과 그 배경을 이해하면, 앞으로 닥칠 변화를 더 잘 준비할 수 있다. 이 책은 당신의 추론력과 통찰력을 키울 절호의 기회가 될 것이다. '총, 균, 쇠'는 단순한 역사서나 과학책을 넘어, 인류 문명의 전개 방식을 통찰하는 거대한 서사시다. 이 책을 읽으면 세계사의 흐름 속에서 우리 자신의 위치를 다시금 생각하게 되고, '왜 세상이 이렇게 되었을까?'라는 근본적 질문에 스스로 답할 수 있게 된다. 그리고 그 답을 찾는 과정에서, 당신은 한층 더 넓은 시야와 깊은 사고력을 갖춘 독자로 거듭날 것이다. 읽는 내내 '이런 넓은 시야와 통찰이 나에게도 있을까?' 하는 자문이 들겠지만, 걱정하지 말라. 제러드 다이아몬드는 누구나 이해할 수 있도록 친절하게 설명해준다. 그러니 부담 없이 책을 펼치고, 인류 문명의 비밀을 탐험하는 여행에 나서보자. 당신이 이 책을 통해 얻을 지혜는 단순한 지식 이상의 것이며, 앞으로의 삶과 사회를 바라보는 눈을 크게 열어줄 것이다.

"인류는 본질적으로 평등하다.
그러나 어떤 집단은 총과 균과 쇠를 먼저 갖게 되었을 뿐이다"
-제러드 다이아몬드, 『총, 균, 쇠』 중

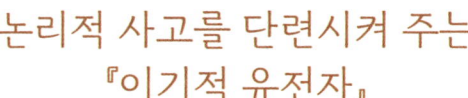

논리적 사고를 단련시켜 주는
『이기적 유전자』

진화학자 리처드 도킨스

리처드 도킨스라는 이름을 들으면 '말 많고 탈 많은 과학자'라는 인상이 먼저 떠오른다. 『이기적 유전자』와 『눈먼 시계공』으로 세계적 명성을 얻었지만, 『만들어진 신』 같은 과격한 저서와 반기독교적 발언으로 호불호가 극명하게 갈리는 인물이기도 하다.

오늘은 그의 주장에 동의하느냐 마느냐를 잠시 접어두고, 『이기적 유전자』 속 그가 펼치는 흥미진진한 추론에 집중해보고자 한다.

 우리는 '유전자'라는 말을 참 좋아한다. 내 곱슬머리와 비만, 심지어 혈액형 성격론까지, 온갖 것을 유전 탓으로 돌리기 일쑤다. 그런데 유전자가 정확히 무엇인지, 왜 그렇게 중요한지 묻는다면 대부분 답하기 어렵다. 도킨스는 이 책에서 "사람의 행동과 욕구는 유전자에 의해 움직인다"라고 선언한다. '이기적 유전자'란 이름도 여기서 나왔다. 하지만 유전자가 자아를 가진 채 이기적으로 행동하는 게 아니다. 유전자는 단지 '자신을 복제'하려는 본능에 충실할 뿐이다. 다시 말해, 유전자는 자신의 영생을 위해 움직인다. 자신과 똑같은 유전자가 다음 세대로 이어질 때 유전자는 '승리'하는 셈이다. 우리가 사랑하고 결혼하며 아이를 낳는 모든 과정이 결국 유전자의 명령이라는 얘기다. 동물들이 자신을 희생하면서까지 짝짓기와 번식을 하는 것도, 유전자가 '영생'을 위해 벌이는 전략이다. 참 독특하면서도 기발한 시각 아닌가? 이러한 주장 때문에 기독교계의 반발은 당연했다. 인간의 행동과 의지가 신의 뜻이 아니라 유전자에 의해 결정된다는 유물론적 해석은 종교적 세계관과 정면충돌할 수밖에 없었다. 하지만 종교적 시각과 무관하게, 도킨스의 주장은 매우 흥미롭다. 유전자가 진정 자신을 복제하기 위해 인간을 이용한다는 생각, 즉 우리가 '유전자에 조종당하는 존재'일 수 있다는 관점은 과학적 탐구의 매혹적인 출발점이다. 나는 이 책을 읽으며 도킨스의 당돌한 문체와 시원시원한 논증에 푹 빠졌다. 물론 그의 주장이 다소 독선적이고 맹목적 믿음을 요구하는 듯한 면도 있지만, 그것마저도 책 읽는 재미를 더한다.

중요한 건 『이기적 유전자』를 읽을 때 '이 책이 내게 무엇을 줄 것인가'를 고민하는 것이다. 이미 인터넷과 세상에는 정보가 넘쳐난다. 단순히 정보를 얻기 위해 책을 읽는 시대는 지났다. 대신 한 가지 주제를 깊게 파고들며 도킨스가 제시하는 논리와 추론을 따라가고, 자신의 생각과 비교하며 의심해보는 과정에 의미가 있다. 이 과정을 통해 우리는 단순한 정보 수집자를 넘어 '비판적 사고의 전사'가 된다. 『이기적 유전자』는 단지 과학책이 아니라, 인간과 생명의 본질에 대한 철학적 성찰이자, 과학적 탐구의 즐거움을 선사하는 지적 모험이다. 도킨스의 통찰과 논증을 따라가며, 당신은 세상을 바라보는 시야를 넓히고, 사건을 다각도로 해석하는 힘을 키울 수 있다.

정리하자면, '유전자가 이기적이다'라는 다소 도발적인 주장에 놀라기보다는, 그 속에 숨겨진 생명의 복잡성과 진화의 신비를 즐기며 읽는 것이 『이기적 유전자』를 제대로 즐기는 방법이다. 청소년에게는 다소 어려울 수 있지만, 호기심 많고 의심하는 마음을 가진 성인 독자에게는 충분한 재미와 배움을 선사한다. 그러니 이 책을 편안한 마음으로 펼쳐, 리처드 도킨스와 함께 생명의 비밀을 탐험해보길 권한다. 그 여정은 분명 흥미롭고, 당신의 생각을 한층 넓혀줄 것이다.

"우리는 이기적인 유전자의 생존 기계다"
– 리처드 도킨스, 『이기적 유전자』 중

나를 알기 위한 질문의 퍼레이드
『정의란 무엇인가』

정치학자 마이클 센델 교수

『정의란 무엇인가』는 이미 많은 이들이 읽고 깊은 인상을 받은, 현대 사회에서 가장 중요한 질문을 던진 명저다. 그런데도 아직 이 책을 손에 잡지 않은 분들을 위해 나는 다시 한번 강력히 추천한다. 왜냐하면 '정의'란 결국 우리 모두가 매일 마주하는 문제이며, 각자의 삶과 선택에 깊이 관여하는 근본적 주제이기 때문이다. 우리는 흔히 '정의'라 하면 영웅이 되어 거대한 악을 무찌르는 모습이나, 법정에서 엄정한 판결을 내려야 하는 판사의 모습을 떠올리지만, 사실 정의는 우리 일상의 사소한 선택 속에도 녹아있다. 부모가 자식을 혼내는 일부터, 길에서 담배 피우는 학생에게 어떻게 반응할지, 심지어 고장난 기차 선로를 돌릴 것인가 말 것인가 하는 극단적인 딜레마까지, 정의는 끊임없이 우리를 시험한다.

책에서 가장 유명한 '기차와 인부' 사례는 우리에게 정의가 얼마나 복잡한 문제인지 여실히 보여준다. 선로를 바꾸면 한 명이 죽고, 바꾸지 않으면 다섯 명이 죽는다. 어느 쪽을 선택해도 누군가는 당신을 '살인마'라 부를 것이다. 이처럼 정의는 단순한 옳고 그름의 문제가 아니라, '어떤 가치를 우선할 것인가'라는 깊은 고민의 산물이다. 또한 『정의란 무엇인가』는 정의가 단 하나의 정답을 갖지 않는다는 점을 강조한다. 부모마다, 선생마다 아이를 대하는 기준이 다르고, 사람마다 자유와 책임, 권리와 의무에 대한 생각이 다르다. 비트겐슈타인의 말처럼 '말할 수 없는 것에 대해서는 침묵해야 한다'지만, 그럼에도 우리는 끊임없이 자신의 정의를 탐구하고, 타인의 정의와 맞서 토론할 수밖에 없다. 존 스튜어트 밀의 자유론과 맞닿는 지점도 흥미롭다. '내가 타인에게 피해를 주지 않는 한, 타인의 선택을 존중해야 한다'는 자유의 원칙은, 때로는 '내가 정의롭다'고 여기는 행동과 충돌한다. 이 책은 그런 갈등을 명료하게 드러내며, 우리에게 '내 정의는 진정 올바른가?'를 묻는다.

마이클 샌델은 정의의 문제를 단순히 철학적 추상으로만 다루지 않고, 누구나 공감할 수 있는 실제 사례와 대화체로 풀어내 독자의 사고를 자극한다. 그의 질문들은 내면의 윤리적 갈등을 끄집어내고, 독자가 스스로 답을 찾도록 이끈다. 그러니 이 책을 읽는다는 것은 단순한 독서가 아니라, '나'라는 존재와 '우리'라는 공동체를 재발견하는 여정이다. 『정의란 무엇인가』는 우리 사회가 직면한 여러 갈등과 분열을 이해하고, 더 나은 공동체를 만들기 위한 토대가 된다. 당신이 이 책을 통해 자신의 정의관을 점검하고, 진정한 '올바름'을 고민한다면, 삶의 방향과 인간관계에 큰 변화가 찾아올 것이다. 마지막으로, '내가 생각하는 정의란 무엇인가?'라는 질문에 답하는 것은 쉽지 않다. 하지만 그 질문을 던지는 순간부터 이미 당신은 더 깊고 성숙한 삶을 향해 나아가고 있다. 그러니 『정의란 무엇인가』를 펼쳐보자. 그 속에서 당신만의 정의를 발견하는 소중한 경험을 하게 될 것이다.

　이 책은 철학자가 아니어도, 일상 속 고민을 가진 평범한 우리 모두에게 꼭 필요한 책이다. 정의라는 주제에 대해 한 번도 깊이 생각해보지 않았다면, 지금이 바로 그 시작점이다. 당신의 삶을 더 풍요롭고 의미 있게 만들어주는 '정의'라는 큰 질문에 답하는 첫걸음으로 『정의란 무엇인가』를 강력히 추천한다.

> "정의로운 사회란 단지 자유로운 선택을 허용하는 사회가 아니라, 좋은 삶에 대해 함께 논의하는 사회다"
> – 마이클 샌델, 『정의란 무엇인가』 중

인간은 어디서 왔고, 어디로 가는가
『길가메시 서사시』

인류 최초의 영웅 길가메시

『길가메시 서사시』는 인류 역사상 가장 오래된 문학 작품으로, 인류 최초의 슈퍼히어로라 불리는 길가메시의 이야기를 담고 있다. 이 서사시는 기원전 약 2100년경 고대 메소포타미아 지역에서 수메르인에 의해 창작되었으며, 이후 바빌로니아와 아시리아 등 고대 근동 문명에서 널리 전해졌다. 길가메시는 우루크라는 도시의 왕으로, 그의 모험과 인간적 고뇌를 통해 고대인들은 삶과 죽음, 인간 존재의 의미를 탐구했다. 이 작품은 단순한 영웅담을 넘어, 인류 최초의 역사이자 철학서로서 인간 본성과 운명, 그리고 불멸에 대한 근본적 질문을 던진다.

길가메시는 그야말로 전설 속의 영웅이다. 그는 신들과 맞먹는 힘을 지닌 자로, 세상에 그를 능가할 자는 없었다. 신들조차 그의 힘에 질투를 느껴, 그의 라이벌인 엔키두를 보내지만, 결국 두 사람은 운명을 함께하는 최고의 친구가 된다. 길가메시는 모든 이의 찬사를 받으며 인류 최고의 영웅으로 군림했지만, 그도 인간이었다. 친구 엔키두의 죽음은 그에게 깊은 좌절과 죽음에 대한 공포를 안겨주었고, 이는 그가 자신의 존재를 재고하게 만드는 계기가 된다. 그는 죽음을 이기기 위해 세상의 끝을 향한 여정을 떠나지만, 결국 죽음을 극복하지 못한다. 이 이야기는 인류의 보편적 한계와 인간 존재의 유한성을 상징하며, 우리가 피할 수 없는 운명을 직면하게 만든다.

『길가메시 서사시』는 인간의 삶과 죽음, 젊음과 노화를 생생하게 그린다. 젊었을 때 우리는 무한한 힘과 가능성을 가진 것처럼 느끼며, 세상과 맞서 싸우고 인정을 갈구한다. 그러나 시간이 지나면서 몸이 쇠약해지고, 주변에서 죽음이 다가오는 것을 목격하게 되면서 삶의 의미에 대해 깊이 고민하게 된다. 젊음이 사라진 뒤에는 세상에 무엇을 남길지, 어떻게 살아야 할지를 성찰하게 된다. 길가메시의 이야기는 바로 이 인간의 삶 전체를 아우르며, 우리가 어떤 삶을 살아야 할지에 대한 깊은 성찰을 제공한다.

길가메시는 누구도 이길 수 없는 영웅이었지만, 결국 죽음을 피할 수 없었다. 우리는 죽음이 멀리 있을 때 세상의 모든 것을 얻으려 하지만, 죽음 앞에서는 아무것도 가져가지 못한다. 이처럼 『길가메시 서사시』는 인생의 덧없음을 직설적으로 보여주며, '인생은 공수레 공수거'라는 진리를 전한다. 그러나 이 서사시는 단순한 허무론이 아니라, 죽음을 직면하고도 의미 있게 살아갈 것을 권장한다. 이 작품은 우리에게 삶의 진정한 가치가 무엇인지를 다시 한번 생각하게 만들며, 각자의 인생을 어떻게 의미 있게 만들어갈지를 고민하게 한다. 특히 젊은이들에게 이 책은 꼭 읽어야 할 필독서다. 단순한 이야기로 끝내지 말고, 그 속에 담긴 깊은 의미를 음미해야 한다. 죽음을 두려워하기보다, 언젠가 반드시 찾아올 그 순간을 준비하며, 지금 이 순간을 허비하지 말라는 메시지가 담겨 있다. 『길가메시 서사시』는 우리의 삶을 깊이 들여다보게 하며, '어떻게 살 것인가'와 '어떻게 죽을 것인가'라는 질문으로 우리를 이끈다. 길가메시처럼 후회 속에 생을 마감할 것인지, 아니면 '잘 살았다'고 위로하며 평안하게 마무리할 것인지 스스로 답을 찾게 한다. 이 고대 서사시는 단순한 신화나 전설이 아니라, 인간 존재의 본질과 삶의 의미를 탐구하는 인류 최초의 철학적 기록이다. 현대를 살아가는 우리에게도 여전히 유효한 질문과 통찰을 제공하며, 삶과 죽음에 대한 깊은 성찰을 가능하게 한다. 『길가메시 서사시』를 통해 당신은 인류 최초의 영웅과 함께 인생 최고의 여행을 떠나게 될 것이다. 이 이야기는 단지 고대의 전설이 아니라, 오늘을 살아가는 우리 모두의 이야기임을 명심하길 바란다.

> "인간은 죽을 수밖에 없다는 것을 알기에,
> 살아 있는 동안 위대한 일을 해야 한다"
> – 『길가메시 서사시』 중

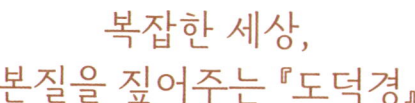

복잡한 세상,
본질을 짚어주는 『도덕경』

중국 춘추시대의 대사상가 노자

노자의 『도덕경』은 인류 역사상 가장 깊고도 간결한 삶의 철학서 중 하나로, 수천 년 동안 동서양을 막론하고 수많은 사람의 삶과 사유에 지대한 영향을 끼쳐왔다. 이 책이 세상에서 인정받는 이유는, 단 5,000자 남짓한 짧은 글 속에 '삶의 본질'을 꿰뚫는 통찰과 '자연스러움'이라는 강력한 메시지를 담았기 때문이다. 현대인들이 점점 더 물질 만능주의와 외부 자극에 휩쓸려 내면의 고요함을 잃어가는 오늘날, '도덕경'은 오히려 고요한 내면의 '솔루션'을 제공하며 삶의 방향을 다시 잡게 한다.

『도덕경』의 핵심은 '도가 모든 것의 근원이며, 덕으로 세상을 살아야 한다'는 것이다. 노자는 욕심과 집착, 인위적인 '인(仁)'과 '의(義)'마저도 인간이 만들어낸 오류로 봤다. 대신 자연과 같은 삶, 즉 '무위자연(無爲自然)'의 태도를 강조한다. 자연은 인간의 손길 없이도 스스로 균형을 맞추고 회복한다. 예컨대 비무장지대는 인간의 간섭이 없기에 세계에서 가장 원시적이고 건강한 생태계를 유지한다. 이처럼 노자는 '자연의 법칙에 순응하며 욕심을 버리는 삶'이 진정한 행복과 목표에 이르는 길이라고 설파한다.

우리가 살아가는 현대 사회는 물질 만능주의가 팽배하다. 가진 자는 더 많이 갖기 위해, 없는 자는 어떻게든 가지려 발버둥 친다. 하지만 『도덕경』은 '소유가 행복과 등가교환되지 않는다'고 명확히 말한다. 삶의 본질적인 만족은 외부에 있지 않고, 내면의 평화와 조화 속에 있음을 일깨운다. 노자의 가르침은 단순히 산속으로 들어가 모든 것을 포기하라는 말이 아니다. 그것은 욕심을 내려놓고 자연스러운 흐름에 몸을 맡겨야 한다는 뜻이다. 이를 통해 우리는 더 큰 자유와 진정한 행복에 다가갈 수 있다.

노자는 중국 춘추전국시대의 사상가이자 철학자로, 그의 본명은 이(李)이며, '노자(老子)'는 '늙은 현자'라는 뜻이다. 그는 당대 혼란한 사회 속에서 인간의 욕망과 분쟁이 끊이지 않는 현실에 깊은 고민을 했다. 『도덕경』은 그의 사상을 담은 책으로, 도(道)와 덕(德)을 중심으로 우주와 인간, 사회에 대한 본질적 진리를 간결하면서도 심오하게 풀어내고 있다. 이 책은 그의 제자 혹은 후대 학자들에 의해 여러 번 편집되고 보완되었으며, 지금까지도 동양철학의 근간으로서 그 빛을 잃지 않는다.

『도덕경』은 단순한 철학서가 아니다. 그것은 우리가 유한한 삶을 어떻게 살아야 할지, 무엇에 집중해야 할지에 대한 지혜의 보고다. 우리는 흔히 죽지 않을 것처럼 살아가지만, 결국 누구나 언젠가는 마주해야 할 죽음 앞에서 허둥댄다. 이 책은 그런 우리에게 '욕심과 집착을 버리고 자연처럼 살아라'고 조용히 말한다. 그것은 삶의 속도를 늦추고, 내면의 소리에 귀 기울이며, 진정한 나 자신과 만나라는 권유다. 현대 사회에서 『도덕경』을 읽는다는 것은 마치 소음 가득한 도심 한복판에서 조용한 산속의 바람 소리를 듣는 것과 같다. 바쁘고 복잡한 일상 속에서 잠시 멈춰 서서 삶의 의미와 방향을 다시 점검하게 해준다. 노자의 가르침은 우리에게 '내면의 평화', '자연과의 조화', '욕심을 내려놓는 지혜'를 가르치며, 결국 더 나은 삶으로 나아가게 하는 나침반 역할을 한다.

『도덕경』은 단지 읽고 끝내는 책이 아니다. 삶의 길잡이로 삼아 끊임없이 되새기며, 자신의 삶 속에서 실천하고 체화해야 하는 지혜의 원천이다. 욕심과 집착으로 가득한 세상에서 진정한 자유와 평화를 원한다면, 노자의 『도덕경』을 꼭 펼쳐 보길 권한다. 그 속에서 당신은 삶의 본질을 깨닫고, 흔들리지 않는 내면의 단단함을 얻을 수 있을 것이다.

"道可道, 非常道; 名可名, 非常名"
도가도 비상도, 명가명 비상명
"길이라 이름 붙일 수 있는 길은 참된 길이 아니며,
이름 붙일 수 있는 이름은 참된 이름이 아니다"
– 노자, 『도덕경』

쉬어가는 코너
독자로서 기자로서 ❺

책이 어렵게 느껴진다면,
지금 필요한 건 '읽는 방법'

누구에게나 어려운 책이 있다. 아무리 뛰어난 머리를 지녔어도, IQ가 세상에서 가장 높은 사람이라도 완벽히 이해되지 않는 책이 있기 마련이다. 수천 권의 책을 읽고, 매일 수만 자의 단어를 읽는 나조차도 읽히지 않는 문장이 많다. 그렇기에 어려운 책이 있다는 건 전혀 부끄러운 일이 아니다. 오히려, 어려운 책이 없다고 거짓말하는 것보다 백배 낫다. 내가 읽은 책이 어렵다는 건 아직 잘 모른다는 것이고, 배움의 즐거움이 내 앞에서 기다리고 있다는 뜻이다. 얼마나 즐거운 일인가? 나를 성장시키고, 내가 추천한 20권의 도서는 모두 '어려운 편'이다. 대충 읽어도 술술 읽히는 책은 모두가 아는 이야기다. 읽어보지 않아도 이미 삶에서 충분히 알고 느끼는 내용이 들어가 있다. 내가 성장하려면 알지 못했던, 알더라도 인지하지 못했던 이야기를 듣고 느껴야 한다.

앞서 내게 가장 어려운 책은 '논리-철학 논고'라고 했다. 읽어도 읽어도 이해되지 않는 문장이 있다. 그래서 해설서를 찾았다. 비트겐슈타인의 해설을 잘 풀어쓴 책을 찾았다. 하지만 이마저도 잘 이해되지 않았다. 여러분이라면 어떻게 할 것인가? 읽어도 이해되지 않는 책이 있다면 말이다. 경우의 수는 3가지 정도 있을 것이다. 첫째, 책을 덮는다. 읽히지 않으면 읽힐 때 읽는 것도 방법이다. 지금 읽히지 않는다면 때가 아니라는 거다. 다만 쉽게 포기해서는 안 된다. 문장을 곱씹다 보면 어느 순간에 이해될 때가 있다. 곱씹고 또 곱씹어도 문장이 와닿지 않는다면 잠시 덮어둬도 좋다. 둘째, 나처럼 해설서를 찾는다. 이 세상에 풀린 웬만한 책은 해설서를 읽으면 실마리를 찾기 쉽다. 다만 해설서를 읽어도 문장이 이해되지 않거나, 해설서가 없는 경우에는 어쩔 수 없다. 명서는 해설서가 있지만, 여타 인문학 도서는 그 자체로만 존재할 뿐이다. 마지막으로 관련 도서를 읽거나 주변 사람들과 함께 읽어보는 것이다. 『논리-철학 논고』를 아직도 이해하지 못했지만, 비트겐슈타인과 관련된 도서를 10권이나 읽었다. 그의 삶과 생각을 알면, 본 도서를 이해하지 않을까 싶었다. 나는 비록 실패했지만, 가끔 『논리-철학 논고』를 펼쳐 들면 전보다 더 이해되긴 한다. 포기하지 않는 게 핵심일 수도 있겠다.

주변인과 함께 읽으면 다양한 해석을 들을 수 있다. 해설서에 적힌 대단한 저자의 설명과 달리, 주변인의 평범한 문장이 오히려 더 와닿을 때가 있다. 가끔 그런 말도 있지 않은가? 경제에 대해 알고 싶으면 경제학 교수가 아니라, 시장 상인에게 물어보라고 말이다. 어려운 책은 당신을 성장시키지만, '노 페인 노 게인(no pain no gain)'이기에 고통도 수반한다. 고통을 즐기며 성장을 이뤄도 좋지만, 때론 슬기롭게 고통을 피하며 성장을 확인하는 것도 괜찮지 않을까? 무식하게 고통스럽기만 하면, 쉽게 지치지 않을까.

* 어려운 책을 읽으라 했다고, 어려운 책만 읽으면 내 머리에 벌을 주는 것이다. 때론 어렵고 힘든, 때론 쉽고 가벼운 책을 읽으며 다양한 환기를 줘야 한다. 독서는 지식을 부여하지만, 지혜를 충족시키기도 하기에 '지혜로운 독서'를 지향하기 바란다.

끝맺으며

뭐니 뭐니해도 독서는 즐거워야 한다. 즐겁지 않은 독서는 결국 포기하게 된다. 사실 내가 그렇다. 요즘 독서가 그리 즐겁지 않다. 특별히 알고 싶은 것도, 관심 가는 주제도 없다. 일해야 하기에 세계 정세나 경제 등을 공부하지만, 그뿐이다. 근 10년간, 독서를 전투적으로 했다. 모든 걸 쏟아부으면 그만큼 지치지 않는가? 그래서 잠시 책과 휴전 중이다. 이제는 종전 선언을 하고, 책과 평화 관계에서 서로 소통하고 싶다. 이 책은 10년간 독서와의 전쟁을 통해 내가 느끼고 이룩한 바를 기록했다. 단순히 활자를 읽기만 해서는 높게 성장할 수 없고, 독서 후 글쓰기를 통해 내 것으로 만들어야 원하는 바를 이룰 수 있었다는 사실을 길게 늘어뜨려 설명한 것이다.

당신이 책을 읽는 이유는 무엇인가? 책을 통해 배우고 성장하고 싶은가? 그렇다면 책을 '똑똑하게' 읽어야 한다. 나처럼 바보같이 이리저리 시도하며 깨지고, 부딪히지 말기를 바란다. 현명하게 책과 좋은 관계를 유지하며 '평생의 동반자'로서 함께하라. 그렇다면 책은 당신에게 삶의 이정표로 다가갈 것이다.

글은 쓸수록 는다. 다만 현명하게 써야 한다. 내가 왜 책을 읽었는지 명확한 목표를 지닌 후, 목표에 따른 글을 써야 한다. 지금은 당신의 글이 타인에게 보여주기 부끄러울 정도겠지만, 1년 혹은 2년이 지나면 책으로 내도 될 정도의 글이 모였을 것이다. 이 글들은 당신의 큰 자산이 될 것이다. 세상에 남길 수 있는 건 돈과 이름만 있는 게 아니다. 우리가 아는 대다수의 역사는 글을 통해 알게 됐다. 당신이 태어난 세상에 남길 수 있는 가장 쉽고 간편한 것은 '글'이다. 당신의 글을 남겨, 당신이 살다 갔다는 것을 남겼으면 한다.

이만 글을 마치려 한다. 책을 읽다 보면, 글을 쓰다 보면 다양하게 활동하는 나와 만날 일이 많지 않을까? 어디선가 만난다면 반갑게 인사하길 바란다. "저도 읽고, 쓰는 사람입니다"라고 말이다. 이미 어엿한 애독가 & 글쟁이가 된 당신을 위해 이 책을 바치고자 한다.

참고문헌

1. 조정래, 『태백산맥』, 해냄출판사, 2001.
2. 플라톤, 이환 역, 『국가론』, 돋을새김, 2014.
3. 유시민, 『국가란 무엇인가』, 돌베개, 2011.
4. 알랭 드 보통, 정영목 역, 『불안, 은행나무』, 2011.
5. 프리드리히 니체, 장희창 역, 『차라투스트라는 이렇게 말했다』, 민음사, 2004.
6. 조영래, 『전태일평전, 아름다운전태일』, 2020.
7. 루트비히 비트겐슈타인, 이영철 역, 『논리-철학 논고』, 책세상, 2020.
8. 박경철, 『시골 의사의 아름다운 동행. 1-2』, 리더스북, 2011.
9. 정혜신, 『당신이 옳다』, 해냄출판사, 2018.
10. 채사장, 『지적 대화를 위한 넓고 얕은 지식 1-2』, 웨일북, 2014.
11. 박경리, 『토지, 다산책방』, 1994.
12. 알랭 드 보통, 정영목 역, 『나는 왜 너를 사랑하는가』, 청미래, 2013.
13. 로버트 치알디니, 황혜숙 역, 『설득의 심리학』, 21세기북스, 2013.
14. 표도르 도스토예프스키, 김희숙 역, 『죄와 벌』, 을유문화사, 2012.
15. 존 스튜어트 밀, 박홍규 역, 『자유론』, 문예출판사, 2022.
16. 제러드 다이아몬드, 김진준 역, 『총, 균, 쇠』, 문학사상, 2005.
17. 리처드 도킨스, 이상임-홍영남 역, 『이기적 유전자』, 을유문화사, 2019.
18. 마이클 샌델, 김명철 역, 『정의란 무엇인가』, 와이즈베리, 2014.
19. 작자 미상, 공경희-앤드류 조지 역, 『길가메시 서사시』, 현대지성, 2021.
20. 노자, 소준섭 역, 『도덕경』, 현대지성, 2019.

출간후기

권선복 | 도서출판 행복에너지 대표

"책은 한 사람의 운명을 바꿀 수 있습니다."

『독서와의 전쟁』은 한 청년이 책과 씨름하며 성장한 이야기이고, 책이라는 무기를 통해 세상과 맞서 싸운 기록입니다. 책 속에서 저자는 길을 발견했고, 때로는 쓰러졌지만 다시 일어날 힘을 얻었습니다. 그 치열한 과정 끝에 그는 언론사 대표라는 자리에 올랐습니다. 결국 이 책이 말하고자 하는 것은 그 모든 여정 속에서 책이야말로 사람을 바꾸는 가장 위대한 힘이라는 사실입니다.

이 책은 독자에게 질문을 던집니다.

"왜 우리는 책을 읽어야 하는가?"
"책은 어떻게 나를 성장시키는가?"
"그리고 지금, 내 인생에 필요한 책은 무엇인가?"

저는 이 책이 청소년에게는 꿈을 심어주고, 청년에게는 방향을 알려주며, 중장년에게는 잃어버린 열정을 되찾게 하고, 노년에게는 삶을 성찰하는 지혜를 안겨줄 것이라 확신합니다. 부디 이 책을 통해 책 속에서 길을 찾고, 책 속에서 용기를 얻고, 책 속에서 새로운 내일을 만나는 경험을 하시길 소망합니다.

좋은 **원고**나 **출판 기획**이 있으신 분은 언제든지 **행복에너지**의 문을 두드려 주시기 바랍니다.
ksbdata@hanmail.net   www.happybook.or.kr   문의 ☎ 010-3267-6277

'행복에너지'의 해피 대한민국 프로젝트!

〈모교 책 보내기 운동〉 〈군부대 책 보내기 운동〉

한 권의 책은 한 사람의 인생을 바꾸는 힘을 가지고 있습니다. 한 사람의 인생이 바뀌면 한 나라의 국운이 바뀝니다. 그럼에도 불구하고 많은 학교의 도서관이 가난하며 나라를 지키는 군인들은 사회와 단절되어 자기계발을 하기 어렵습니다. 저희 행복에너지에서는 베스트셀러와 각종 기관에서 우수도서로 선정된 도서를 중심으로 〈모교 책 보내기 운동〉과 〈군부대 책 보내기 운동〉을 펼치고 있습니다. 책을 제공해 주시면 수요기관에서 감사장과 함께 기부금 영수증을 받을 수 있어 좋은 일에 따르는 적절한 세액 공제의 혜택도 뒤따르게 됩니다. 대한민국의 미래, 젊은이들에게 좋은 책을 보내주십시오. 독자 여러분의 자랑스러운 모교와 군부대에 보내진 한 권의 책은 더 크게 성장할 대한민국의 발판이 될 것입니다.

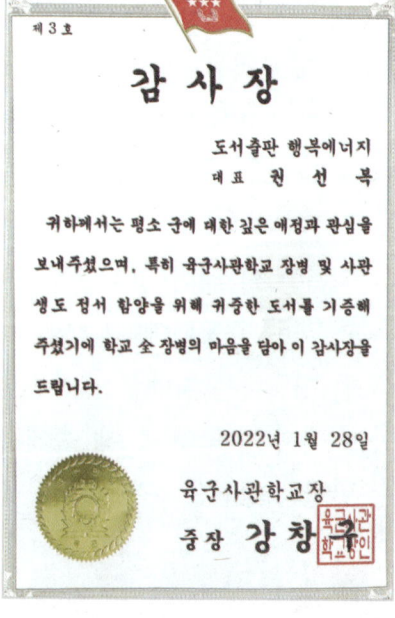